처음 경험하는
정말 외워지는 영단어

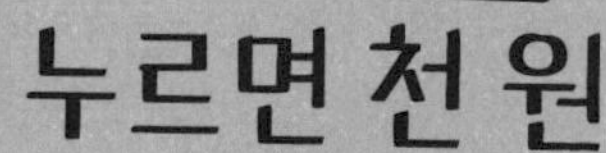

책의 가운데에 갈라진 틈을
손바닥으로 누르면 쫙 펴집
니다.

**화살표 끝 부분이 모두 보
이도록** 세게 누르세요.

PUR제본이라, 마치 스프링
제본(천 원)처럼, **넓고 편하
게 펼쳐서 볼 수 있습니다.**
펼쳐도 뜯어지지 않습니다.

마이클리시의 <난생처음
끝까지본> 시리즈와 <자동
암기 영어단어> 시리즈는
PUR로 제본하였습니다.

자동암기 중등 영단어 600

단어 책 20장 보신 분?

'영단어 책' 보는 것을 추천하지 않았습니다. 왜냐하면 영어 잘하는 사람 중에 단어책으로 익힌 사람은 20명 중 한 명 정도로 드물기 때문입니다.

기존의 단어책은 '단어만 나열'했을 뿐입니다. 주제별/빈도별로 나누고, 예문과 관련 문제는 있지만 '어떻게 외워야 할지'에 대한 내용은 없습니다. 그래서 '암기'가 안됩니다. 드물게 '암기 방법'이 있는 책은 그 내용이 억지스럽고, 어원/어근은 너무 많아 단어보다 암기하기 어렵습니다.

기존의 단어책은 '학원 수업용'으로 만들어졌습니다. 스스로의 힘으로 단어장을 끝까지 보는 것은 불가능합니다. 눈은 단어를 보지만 머리는 다른 생각을 합니다. 그리고 외워질 만큼 반복하기에는 너무 많은 의지력과 시간이 필요합니다. 대부분 10장도 못 읽고 포기합니다.

제 아이들은 그렇게 가르치기 싫어서, 훨씬 적은 노력으로 암기할 수 있도록 '음악 연상'을 개발했습니다. 현재 특허 출원 중에 있습니다(출원번호 10-2025-0046862). '자동암기'라고 할 만큼 기존의 어떤 방식보다 4배~10배 빠르게 단어가 외워지는 기적을 경험하실 것입니다.

단어책이란, 단어가 정말 외워지면 100만 원도 저렴하고, 외워지지 않으면 시간 낭비이므로 1,000원도 아깝습니다. 다른 방법은 50배의 시간과 노력(원서 읽기 등), 100배의 돈(학원/유학 등)을 들여야 합니다. 만약 1시간 이상 이 책을 봤는데 단어가 외워지지 않으면 환불해 드립니다. 010-4718-1329, iminia@naver.com으로 꼭 연락 주세요.

다음 곡이 들린다!

일주일 정도 여러 곡을 순서대로 반복해서 들으면, 한 곡이 끝나고 다음 곡이 시작하기 전, 이미 머릿속에는 다음 곡이 맴돕니다. 그 이유는 뇌가 다음 곡을 예측하기 때문입니다. (2009년 2월 Journal of Neuroscience, 조지타운 의학 대학교, 논문 주소: bit.ly/46kdgd)

마찬가지로, 한 곡이 끝날 즈음 영어 단어를, 다음 곡의 시작에 한글 뜻을 들려주면, 뇌는 한글 뜻을 예측하므로 자동 암기가 됩니다. 3~20번 들으면, 곡이 끝날 무렵 한글 뜻(또는 영어 단어)이 생각납니다.

처음에는 5~10번 반복해야 하지만, 익숙해지면 4번 내외에 암기할 수 있습니다. 사람마다 외워지는 반복 횟수는 다르지만, 듣기만 하면 누구나 외울 수 있습니다.

음원으로 80~90% 외워질 무렵에는 책의 퍼즐 문제를 풀어 봅니다. 퍼즐은 <자동암기 영단어 시리즈> 예상 독자의 난이도에 맞춰 따라 쓰기, 선긋기, 빈칸 한글 작문, 빈칸 영어 작문, 크로스워드로 구성했습니다.

다양한 음악으로 익혀서 지루하지 않고, 집중하기 쉬우며, '말하기 듣기' 실력도 향상됩니다. 본문의 퍼즐(선 긋기)과 10단원마다 제공되는 재미있는 이야기를 활용하면 기존의 어떤 방법보다 4배 이상 빠르게 외워집니다. 매 10단원 끝의 이야기에는 중간에 영어 단어를 넣었고, 인생에 큰 도움이 될만한 내용으로 집필하였습니다.

기적은 이틀째!

영어▶한글로 들으면, 음악이 끝날 때 영어 단어가 나오고, 다음 음악이 시작할 때 한글 단어가 나옵니다. 음악과 음악 사이의 '무음 구간'에서 곧 나올 '한글 뜻'을 소리내 봅니다. 마음속으로 해도 좋습니다.

처음 들을 때는 효과를 알기 어렵습니다. 시간이 지난 뒤 다시 반복할 때 확실히 암기가 됩니다. 아무리 어려운 단어도 주로 이틀째, 늦어도 3-4일째에는 외워집니다. 대부분은 당일에 외워집니다.

가장 중요한 것은 매일 10~30분 듣는 것입니다. 저는 자녀들과 아침/저녁 식사 시간에 하루에 2회분(20단어)씩 '한글▶영어'로 익혔습니다. 아침에 바빠서 까먹을까봐, 매일 7시 35분으로 알람을 맞춰놨습니다.

매일 정해진 시간과 장소에서 반복하여 '습관'을 들여야 합니다. 식사 시간이나 출퇴근 이동 시간을 추천합니다. '습관'이 생기는 데는 약 66일이 걸립니다. 특히 평소에 하지 않던 행동은 까먹기 쉽습니다. 그러니 지금 당장 휴대폰에 영어 단어를 들을 '매일 알람 시간'을 맞춰 놓으세요. 꾸준히 하실 수 있도록 마이클리시 단톡방에서도 매일 이 책의 자료를 드리고 있습니다: bit.ly/miklish

음원으로 80~90% 익힌 후에는 책의 사진을 보고, 퍼즐을 풀어보세요. 단어의 어감 설명, 어근, 접두어 접미어의 색깔 표시(really, actual), 비슷한 말, 반대 말, 숙어, 관련 예문 등, 영어 배우는데 필요한 모든 어휘 지식을 담았습니다.

단어 모르고 영어회화?

미국인은 평균적으로 수동적 어휘(읽기/듣기 가능)로 4만 단어를 알고, 능동적 어휘(말하기/쓰기 가능)로 2만 단어를 압니다. 그러나 미국인의 일상 회화 89%는 1,000단어뿐입니다. 한국 성인들이 중학교까지 2천 단어를 배우는데도 영어 회화를 못하는 이유는 '수동적 어휘'로 익혔기 때문입니다. 능동적 어휘가 되려면 이 책의 '한글▶영어' 음원으로 단어 수준부터 영작할 수 있어야 합니다.

교육부 선정 어휘를 '빈도순'으로 전부 담았습니다. 위키피디아의 빈도순 영단어에는 9종류가 있는데(bit.ly/wikiwords), 이중 두번째인 'TV와 영화에서 가장 많이 쓴 단어(2921만 3800단어 분석)'를 기준으로 수록했습니다. '말하기' 중심의 통계가 더 중요하기 때문입니다.

교육부 선정 어휘는 '2022년 영어과 교육 과정(2025년부터 적용)' 부록에 있습니다. 약 3천 단어(초등 800단어, 중등 1200단어, 고등 1002단어)입니다. 부족한 것은 '빈도순 어휘'에서 보충했습니다: 이 책에는 ain't, dude, buddy, buck, ourselves, princess, whoever, bedroom, forty, French, whenever, english, fifteen, someplace, everywhere 등.

수능에서는 8천 단어(형태가 비슷한 단어를 빼면 5,000단어)가 출제되므로 추가 선별했습니다. 수능 빈출 횟수(수능영어 단어사전), 롱맨 3000단어, 옥스포드 5000단어를 분석했고, 옥스포드 구동사 750개는 예문으로 절반가량 수록했습니다.

음원은 두 종류!

쉬움

영어독해 목적

이 책의 단어를 대부분 모르면!

조금 어려움

영어회화 목적

이 책의 단어를 절반 이상 알면!

영어▶한글보다 한글▶영어를 더 추천합니다. 결정하기 어렵다면, 초반에는 한글▶영어로 익히다가, 느리게 외워져서 반복 횟수가 늘어난다면, 그 부분부터 영어▶한글로 바꿔도 좋습니다.

주의1 한 단어를 영어▶한글 / 한글▶영어 양쪽을 섞어서 듣지 마세요. 암기에 방해됩니다. 한 종류만 반복해서 책을 끝까지 익히세요. 영어▶한글로 끝까지 익힌 뒤, 다시 처음부터 한글▶영어로 익혀도 좋습니다.

주의2 1회 청취시 4~12회 반복(4회 반복 파일 기준 1~3회)하고, 시간이 지나서(1시간~48시간 이내) 다시 한 번 더 4~10회 반복합니다.

주의3 처음 익힐 때는 ◉영상보다 ◉음원이 더 좋습니다. 먼저 들어봐야 '듣기' 실력이 향상 됩니다. 영어가 잘 안 들리는 이유는 알고 있는 영어 단어가 실제로는 다르게 소리나는 경우가 많기 때문입니다.

주의4 스피커폰은 잘 안 들릴 수 있으니 조금 크게 틀어주세요. 1~5만원의 저렴한 블루투스 스피커를 구매하시는 것도 좋습니다.

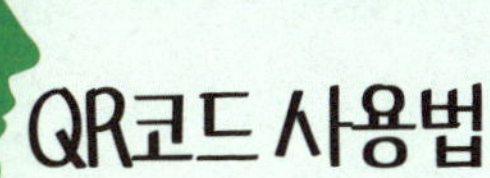

QR코드 사용법

삼성 휴대폰 (갤럭시 시리즈 등)

카메라 앱 키기

QR코드 비추기

하얀 팝업 터치

아이폰

카메라 앱 키기

QR코드 비추기

노란 팝업 터치

그 외의 휴대폰

네이버 앱 설치

녹색 원 터치
(검색 탭 오른쪽)

'렌즈' 터치
(9시방향)

QR코드 비추기

팝업 터치

QR코드 사용이 어렵다면,
인터넷 주소창에서 접속하세요.
bit.ly/jdvoca600

빈칸 문장 출처

생생한 문장에서 뜻을 익히면 더 빨리 외워지기에, 영화, 미국 드라마, 여행회화, 생활영어 등에 사용된 문장을 선별해서 넣었습니다. 다만, 길어지면 해석에 부담이 되므로 짧은 문장으로 약 80개를 수록했습니다.

<유럽여행> 8문장으로 끝내는 유럽여행 영어회화

유럽여행 이야기로 익히는 8가지 문장 패턴 영어회화,
부록에 실린 장소별 여행 표현에서도 뽑았습니다.

<미드천사> 8시간에 끝내는 기초영어 미드천사

1004 어휘, 1004 문장으로 익히는 가장 재미있는 미드 10개!
무료 음성강의 제공! 왕초보 패턴 → 기초회화 패턴 순서의 시리즈.

<독해비급> 중학영어 독해비급

중학 영어 교과서 13종의 문법별 핵심표현 구문독해.
저자 직강 무료 영상 강의 제공! <자매품: 고등영어 독해비급>

<생활영어> 6시간에 끝내는 생활영어 회화천사

생활영어 20,000문장에서 엄선한 문법별 생활영어,
<자동암기 중등 영단어>에 가장 많은 문장이 담겼습니다.

<앨리스 영화영어> 이상한 나라의 앨리스 영화영어 공부

이상한 나라의 앨리스 영상 전체를 담았습니다.
빈칸에 받아쓰고, 따라 말하며, 말하기/듣기 실력을 키우는 책.

<영화영작> 4시간에 끝내는 영화영작

평점 9.0 영화 240편의 명대사로 만든 문법패턴.
기본패턴 → 응용패턴 → 완성패턴 순서의 시리즈.

빈칸 해석 쓰는 법

* 단어 뜻이 여러 개면, 그중 1개를 골라서 적어야 한다.

* 해석의 흐름이 자연스럽도록 단어 뒤에 어울리는 '조사(~를, ~가, ~했다, ~인 등)'를 넣는다.

* 동사부터 시작하면 '명령문'이므로 '~해라'로 문장을 끝내야 한다.

* 영어 문장 끝이나 빈칸 해석 끝에 점이 있으면 문장, 없으면 '구'이다.

I would be ugly. 나는 못생길 ___________

* 페이지 하단의 해석 정답은 참고만 할 것. 정답은 여러 개일 수 있다.

지옥은=지옥이 / 진짜다=진짜이다 / 내가=나는

학습 계획!

2달 완성 이 책의 단어를 70%이상 모르는 학습자에게 추천

하루 10분, 10단어! 가정이나 학원에서 7분(4회 반복 파일)간 들려주고,

3분간 책의 문제(해석 쓰기, 선긋기)를 풉니다.

1	2	3	4	5	6	7
1단원	2단원	3단원	4단원	5단원	6단원	7단원
8	9	10	11	12	13	14
8단원	9단원	10단원,정리	11단원	12단원	13단원	14단원
15	16	17	18	19	20	21
15단원	16단원	17단원	18단원	19단원	20단원,정리	21단원
22	23	24	25	26	27	28
22단원	23단원	24단원	25단원	26단원	27단원	28단원
29	30	31				
29단원	30단원,정리					

1	2	3	4	5	6	7
31단원	32단원	33단원	34단원	35단원	36단원	37단원
8	9	10	11	12	13	14
38단원	39단원	40단원,정리	41단원	42단원	43단원	44단원
15	16	17	18	19	20	21
45단원	46단원	47단원	48단원	49단원	50단원,정리	51단원
22	23	24	25	26	27	28
52단원	53단원	54단원	55단원	56단원	57단원	58단원
29	30	31				
59단원	60단원,정리					

1달 완성 이 책의 단어를 절반 이상 알거나 1~4년 배운 분께 추천

왼쪽의 2달 완성 계획에서 하루에 '이틀 분량'을 진행합니다.

4달 완성 영어를 처음 배우는 분, 4~7세에게 추천

첫날에는 '듣기'만, 둘째 날에는 '듣기+교재의 퍼즐'을 해서, 이틀에 1단원씩 익힙니다.

7일 완성 이민, 시험 준비 등 급하게 익혀야 하는 분께 추천

알람을 맞춰서 1시간마다 10~20분씩 공부하세요. 하루에 10단원씩 6일에 600단어를 끝낼 수 있습니다. 2달이면 6,000단어, 초중고 영단어를 전부 완성할 수 있습니다. 8시부터 시작하면,

8시	9시	10시	11시	12시	1시
1단원 듣기	1,2단원 듣기 1단원 풀기	2,3단원 듣기 2단원 풀기	3,4단원 듣기 3단원 풀기	점심 시간 4,5단원 듣기	5,6단원 듣기 4,5단원 풀기

2시	3시	4시	5시	6시	7시
6,7단원 듣기 6단원 풀기	7,8단원 듣기 7단원 풀기	8,9단원 듣기 8단원 풀기	9,10단원 듣기 9단원 풀기	10단원 듣기 10단원 풀기	저녁 시간 1~10단원 듣기

격월 초마다 2달 과정으로 무료 영단어 스터디를 진행합니다.

마이클리시 단톡방
bit.ly/miklish

자동암기 영단어 단톡방
bit.ly/jdstudy

차례

부록

약어

㉧탄사	㉝슷한 말
㈹명사	㉿치사
㏇사	㈁속사
㈆사	㈘동사
㈤대말	㉬정사
㈜사	㈝용사

[U]ncountable=불가산 명사

would [wʊd=운(ㄷ)]

~하려고 한다㊀ ~할 것 같다㊀

I would be ugly. 나는 못생길 ______________________. <영화영작>

mean [míːn=미인]

의미하다㊉ 못된㊊

I mean it. 나는 그것을 ______________________. (=진심이다) <생활영어>

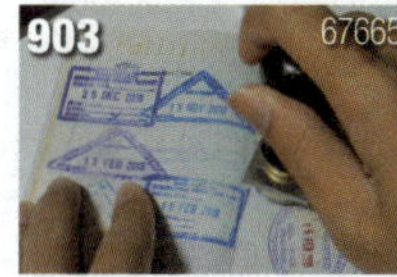

let [lèt=렡(ㅌ)]

허락하다㊉

Let it go. 그것이 가도록 ______________________. <영화영작>

then [ðèn=덴]

그러면㊂ 그때㊂

See you then. ______________ 봐요.

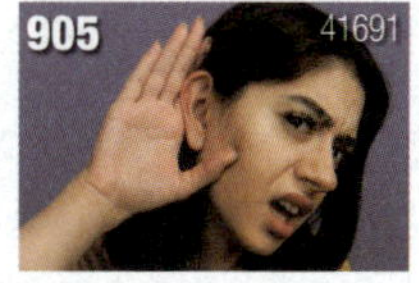

hear [híər=히얼]

들리다㊉

I hear a noise. 나는 소음이 ______________________.

영어 ▶ 한글　　한글 ▶ 영어　　한글 ▶ 영어

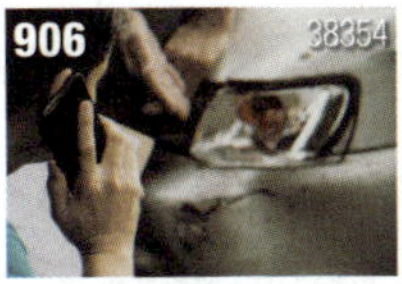
906
38354

happen [hǽpn=해픈]
발생하다[동]

Accidents **happen**. 사고들은 ______________________.

907
37653

maybe [méibi=메이비]
아마도[부]

Maybe next time. ______________________ 다음번에.

908
33895

even [íːvn=이븐]
심지어[부] 일정한[형] 짝수인[형]

He's not **even** 160cm. 그는 ______________ (키가) 160cm**도** 아니다.

909
28308

still [stíl=스틸]
여전히[부]

I **still** love you. 나는 ______________________ 널 사랑한다.

910
25127

ever [évər=에벌]
한 번도[부] 영원히[부]

Have you **ever** tried? 너 ______________________ 시도한 적 있어?

906 발생하다 **907** 아마도 **908** 심지어 **909** 여전히 **910** 한 번이라도

would
will의 과거. 다만 과거로는 드물게 쓰고, 주로 현재의 의지를 약하게 표현(작은 의지)한다.

1

A 허락하다

mean
평소에는 '진심'을 의미하고, 가끔은 'ㅇㅇ'을 뜻한다. '미인'은 얼굴값 한다는데 정말일까?

2

B 그러면, 그때

let
자유를 주는 세 글자.
- 📗 allow 허락하다
- 📗 permit 허가하다
- 📕 prevent 막다 📕 forbid 금지하다

3

C 들리다

then
지금은 아니고, 서로 알고 있는 특정한 ㅇㅇ.
- 📗 at that time 저 때에
- 📕 now 지금

4

D ~하려고 한다

hear
귀가 주로 하는 일.
- 📗 listen 귀 기울이다
- 📕 ignore 무시하다

5

E 의미하다, 못 된

happen

물건을 '헤프(happ-)'게 쓰면 돈 쓸 일이 ○○○○.

비 occur ○○○○
비 take place ○○○○

6

F 한 번도,
영원히

maybe

지구 온난화 탓인지 ○○○ 5월(May)은 봄도 여름도 아닌 상태(be).

비 perhaps ○○○ (50%)
비 possibly ○○○ (30%)

7

G 발생하다

even

울퉁불퉁, 제각각의 반대말. 고기는 이븐하게 구워야 한다(안성재).

비 flat 평평한　비 equal 같은
반 odd 다른, 이상한, 홀수인

8

H 아직도,
여전히

still

'그만하기'를 거부하고 '여전히, 계속해서' 하는 것.

비 yet 아직
반 no longer 더 이상 ~않다

9

I 아마도

ever

'피터팬'에는 결코 어른이 될 수 없는 '네버(never)랜드(land, 토지)'가 있고, 한국에는 인기가 영원할 것 같은 놀이동산 '○○랜드'가 있다.

10

J 심지어,
일정한

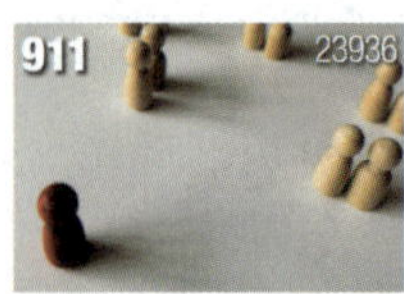

other [ʌ́ðə=어덜]
(그 밖의) 다른㉠

the other side 그 ______________ 쪽

leave [líːv=리입(ㅂ)]
(남기고) 떠나다㉦

Don't leave me. 나를 ________________마라.

lot [lɑt=랕(ㅌ)]
많음㉤

It's a lot. 그것은 한 ______________이다.

minute [mínit=미닡(ㅌ)]
분㉤ (시간)

Wait a minute. 1______________만 기다려라. <영화영작>

through [thrúː=뜨루우]
~을 통과하여㉢

through the door 그 문______________________

영어▶한글 한글▶영어 한글▶영어

916 16771

lose [lúːz=루우즈]

잃다[동] 지다[동]

Don't lose hope. 희망을 ____________ 마라.

917 16214

else [éls=엘ㅆ]

그 밖에[형][부]

Someone else knows. ____________ 누군가가 알고 있다.

918 15873

hell [hél=헬]

지옥[명]

Hell is hot. ____________ 뜨겁다.

919 14849

own [óun=오운]

소유하다[동] 자신의[형]

It was my own fault. 그것은 나 ____________ 잘못이었다.

920 14623

whole [hóul=호울]

전체의[형]

a whole new world 한 ____________ 새로운 세계 <알라딘 주제곡>

916 잃지 917 그 밖에/그 밖의 918 지옥은 919 자신의 920 전체가/전체의

other
지금 얘기하는 거 말고 다른 것.
圓 else 그 밖에

1

A (남기고) **떠나다**

leave
가을이 오면 나뭇잎(leaf, 복수형은 leaves)은 나무를 OOO.
凹 stay 머무르다
凹 remain 남아있다

2

B 분

lot
many와 much를 명사로 쓰고 싶을 때 쓰는 말. 주로 a lot(부사)이나 a lot of으로 쓴다.
圓 much 많은　圓 many 많은

3

C ~을 통해

minute
후회와 기회가 공존하는 60번의 심장박동.
圓 hour 시　圓 second 초
圓 moment 순간

4

D 많음

through
어둠 끝에 빛을 약속하는 터널의 철학.
圓 via (경로, 수단) ~를 통해

5

E (그 밖의) 다른

lose

가진 것의 소중함을 가르치는 뼈아픈 스승. 또는 승부가 가르치는 겸손의 쓴 약.

빤 find 찾다　빤 win 이기다

6

F 지옥

else

정답이 아닐 때 찾는 두 번째 희망.

비 other (O OO) 다른

7

G 잃다

hell

이 세상에 살면서 지은 죄 때문에 가게 되는 가장 고통스러운 장소.

빤 heaven 천국

8

H 그 밖에

own

애착과 책임이 함께 자라는 정원.

비 have 가지다
비 possess 소유하다

9

I 전체의

whole

깨진 것들이 꿈꾸는 최초의 모습.

비 entire 전체의
빤 part 부분

10

J 자신의, 소유하다

921 

hurt [hə́ːrt=헐트]
아프게 하다[동] 아픈[형]

She didn't **hurt** me. 그녀는 나를 ＿＿＿＿＿＿＿＿＿＿＿ 않았다.

922 

which [wítʃ=위취]
어느 것[대] 어느[한]

Which is it? 그것이 ＿＿＿＿＿＿＿＿＿이야?

923 

matter [mǽtər=매털]
중요시하다[동] 문제[명]

It doesn't **matter**. 그것은 ＿＿＿＿＿＿＿＿＿＿＿ 않아.

924 

real [ríːəl=뤼얼]
진짜인[형]

It's **real**. 그것은 ＿＿＿＿＿＿＿＿＿.

925 

suppose [səpóuz=써포우즈]
추측하다[동] <sup=sub: 아래에>

I **suppose** so. 나는 그렇게 ＿＿＿＿＿＿＿＿＿＿＿.

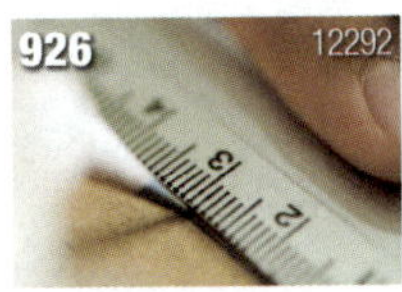

926 12292

exactly [igzǽkli=이ㄱ재클리]

정확히⁽⁾ <ex=out: 밖으로>

exactly right ___________________ 옳은

927 12071

found [fáund=파운드]

찾았다 (find의 과거)⁽동⁾ 설립하다⁽동⁾

He found a painting. 그는 한 그림을 ___________________. <독해비급>

928 11955

seem [síːm=씨임]

~처럼 보이다⁽동⁾

She seems shy. 그녀는 부끄러운 것___________________. <생활영어>

929 11659

honey [hʌ́ni=허니]

꿀⁽명⁾ 자기⁽명⁾

a honey bee 한 ___________________ 벌

930 11625

wonder [wʌ́ndər=원덜]

궁금하다⁽동⁾

I wonder why. 나는 왜 그런지 ___________________.

hurt
몸이 마음으로 보내는 빨간 신호등.
[비] harm 해치다
[반] heal 치유하다

1

A 추측하다

which
여러 개 중에 하나를 가리키는 손가락.
[비] what 무엇

2

B 아프게 하다,
아픈

matter
의미 없음과 의미 있음을 가르는 저울.
[비] issue 문제

3

C 문제,
중요시하다

real
꿈에서 깨어나 느끼고 만질 수 있는 것.
[비] actual 실제의 [비] genuine 진짜의
[반] fake 가짜의 [반] false 거짓의

4

D 진짜인

suppose
아마도와 틀림없이 사이를 걷는 줄타기. 근거를 갖고 OOOO.
[비] assume 가정하다
[비] guess (직관에 따라) OOOO

5

E 어느 것,
어느

exactly
완벽주의자가 좋아하는 것.
exactly의 t는 소리 내지 않는다.

囲 precisely 정밀히
떈 roughly 대충

6

F 꿀,
자기

found
잃어버린 것을 다시 만나는 기쁨.

囲 discover 발견하다
囲 establish 0000

7

G 정확히

seem
실제는 모르겠지만 그렇게 보일
때 쓰는 말.

囲 look 보이다

8

H 궁금하다

honey
벌이 만드는 달콤한 음식. 또는 그
만큼 달콤한 상대를 일컫는 말.

囲 sweetheart 애인
囲 darling 자기

9

I 찾았다,
설립하다

wonder
호기심과 놀라움이 가득한 마법
같은 순간.

10

J ~처럼 보이다

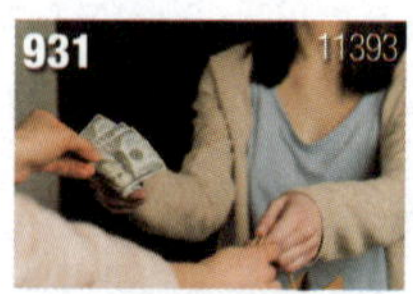

931 11393

deal [díːl=디일]
거래명 처리하다동

a good deal 한 좋은 _____________

932 11332

probably [prábəbli=프롸버블리]
분명히부

probably true _____________ 사실인

933 11006

while [wáil=와일]
~하는 동안에접

while eating 먹_____________

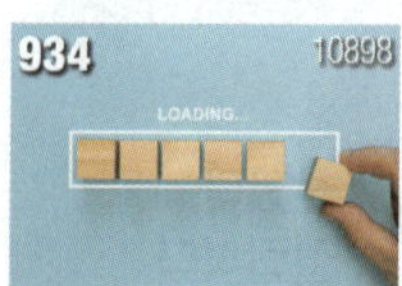

934 10898

soon [súːn=쑨]
곧부

See you soon. _____________ 보자.

935 10757

since [síns=씬스]
~이래로전 ~한 이래로접

since yesterday 어제 _____________

👁영어▶한글　　👂한글▶영어　　👁한글▶영어

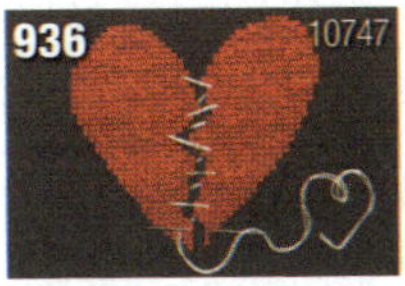
936
10747

excuse [ikskjúːz=익스큐즈]

용서하다[동] 변명[명] <ex=out: 박으로>

Excuse me. 나를 ________________. (=실례합니다)

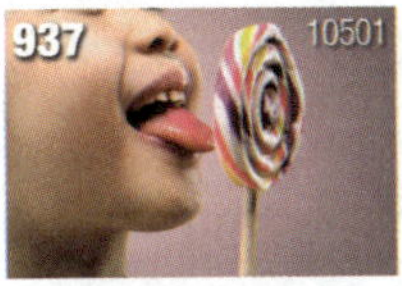
937
10501

sweet [swíːt=스위잍]

달콤한[형]

It's sweet and sour. 그것은 새콤________________. <생활영어>

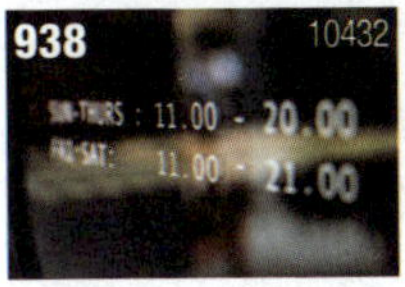
938
10432
SUN-THURS : 11.00 - 20.00
FRI-SAT: 11.00 - 21.00

until [əntíl=언틸]

~까지 (계속해서)[접]

Wait until noon 정오________________ 기다려라.

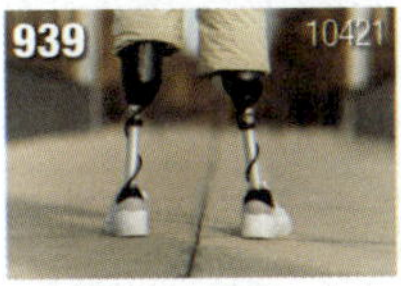
939
10421

without [wiðáut=위다웉]

~없이[전]

without you 너 ________________.

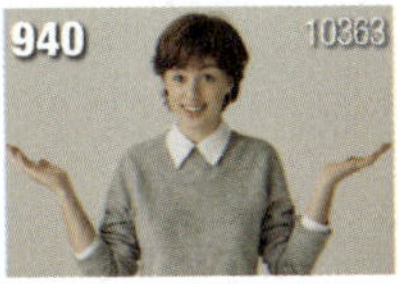
940
10363

whatever [watévər=와테벌]

무엇이든[대]

whatever you want 네가 원하는 ________________

deal
신뢰를 기반으로 뭔가를 주고 받는 것.
📵 handle 다루다

1

A 분명히

probably
확신의 바로 밑에서 꿈틀거리는 마음의 움직임. 약 80%의 확신.
📵 probable 분명한
📵 perhaps 아마도 (50%)

2

B 거래, 처리하다

while
동시에 일어나는 두가지를 대조해서 알려주는 접속사.
📵 during ~OO OOO (전치사)

3

C ~이래로

soon
희망이 현실이 되기 직전의 떨림.
📵 shortly O
📵 quickly 빨리

4

D ~하는 동안에

since
그때부터 지금까지로 이어지는 긴 실.

5

E 곧

excuse
잘못한 cause(이유)로 부터 ex(밖으로)에 가기 위해, OO을 하고 OO를 받는 것.

6

F 용서하다, 변명

sweet
설탕에서 주로 느껴지는 행복의 맛.
뺀 bitter 쓴

7

G ~까지 (계속해서)

until
지속이 멈추는 경계선. 'by+시간'은 그 시간까지 1번 하면 되고, 'until+시간'은 그 시간OO OO해야 한다.

8

H ~없이

without
with(함께)하지 out(못)한 것.
뺀 with ~와 함께

9

I 무엇이든

whatever
모든 가능성을 품은 무한대의 그릇.

10

J 달콤한

941 10225

yet [jet=옡]
아직㈜ 그렇지만㈜

Not yet. _______________ 아니다.

942 10217

cause [kɔːz=커즈]
원인㈐

a cause of death 한 사망의 _______________

943 9931

once [wʌns=원스]
(주로 과거에) 한 번

just once 딱 _______________

944 9718

reason [ríːzn=뤼즌]
이유㈐

a good reason 한 좋은 _______________

945 9709

stuff [stʌf=스터프] [U]
물건들㈐

cool stuff 멋진 _______________

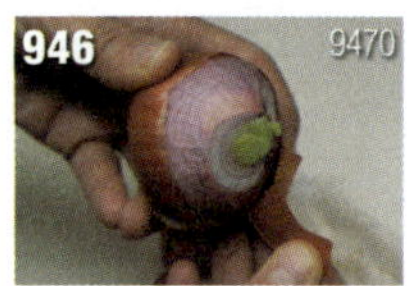

946 9470

truth [trúːθ=트루ㄸ]

진실㈈

The truth will save you. 그 __________ 당신을 구할 것이다. <미드천사>

947 9283

scare [skɛər=스케얼]

겁주다㉐

Don't scare me 나를 __________________ 마라.

948 9277

each [íːtʃ=이이취]

각각의 (모든)㉞

each one __________________ 하나

949 9164

few [fjúː=퓨]

두세 개의㉞

few friends __________________ 친구들

950 9050

anyone [éniwʌn=에니원]

누구든㈐ 누군가㈐

Anyone can learn English. __________________ 영어를 배울 수 있다.

yet
미완성이 완성을 꿈꾸는 다리.
비 **still** 여전히
비 **however** 그러나

1

A 원인

cause
결과라는 아이를 낳는 부모.
비 **reason** 이유

2

B 아직,
그렇지만

once
사진이 잘못 찍혔을 때, 또 찍으려면 외치는 말: ○○ 더.
비 **one time** 한 번

3

C 물건들

reason
설득할 때 휘두르는 가장 강한 무기. '왜'의 다른 이름.
비 **cause** 원인

4

D 한 번

stuff
서랍 속 잡동사니들의 다른 이름.
비 **things** 물건들

5

E 이유

truth
시간이 지나도 변하지 않는 다이아몬드.
비 fact 사실 비 reality 현실
반 lie 거짓말

6

F 누구든,
누군가

scare
안전지대를 벗어났을 때 느끼는 경보.
비 frighten OOO
반 comfort 위로하다

7

G 진실

each
하나하나가 담긴 특별한 우주.
비 every (개개의) 모든

8

H 각각의 (모든)

few
겸손하게 존재하는 작은 다수.
비 several 너댓의
비 some 약간의
반 many 많은

9

I 두세 개의

anyone
당신도, 나도, 어떤 사람도 될 수 있는 가능성.
비 anybody 누구든
비 someone 누군가

10

J 겁주다

🔊 영어 ▶ 한글

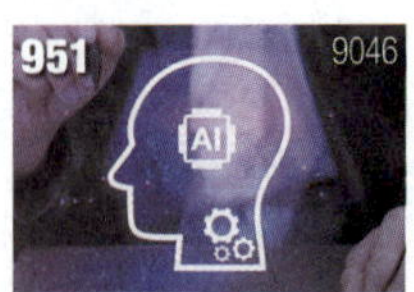

easy [íːzi=이지]
쉬운[형]

an easy question 한 ＿＿＿＿＿＿＿ 질문

trust [trʌ́st=트뤄스트]
신뢰하다[동]

Trust no one. 누구도 ＿＿＿＿＿＿＿＿＿＿＿ 마라. <미드천사>

person [pə́ːrsn=펄쓴]
사람[명]

a nice person 한 좋은 ＿＿＿＿＿＿＿

promise [prάmis=프롸미쓰]
약속하다[동] <pro: 앞으로>

Promise me. 나에게 ＿＿＿＿＿＿＿＿＿

Dr. [dάktər=닥털]
의사⑲ 박사⑲ (=doctor)

Dr. Kim is here. 김 ＿＿＿＿＿＿님이 여기 계신다.

such [sʌ́tʃ=써취]

그런㉠

such a mess ＿＿＿＿＿＿＿ 한 엉망

anymore [enimɔ́ːr=에니모얼]

더 이상㉟

I don't live there anymore. 나는 ＿＿＿＿＿＿＿ 거기 살지 않는다.

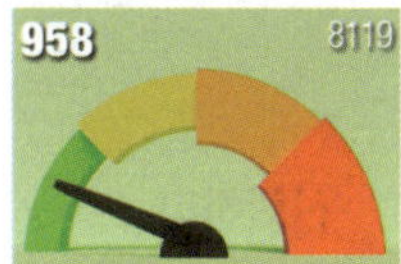

least [líːst=리이스트]

가장 적은㉵ 가장 적게㉟

She has the least money. 그녀가 ＿＿＿＿＿＿＿ 돈을 가지고 있다.

everybody [évribaːdi=에브뤼바디]

모든 사람㉺

Everybody loves music. ＿＿＿＿＿＿＿ 음악을 좋아한다.

spend [spénd=스펜드]

소비하다㉐

I didn't spend time. 나는 시간을 ＿＿＿＿＿＿＿ 않았다. <미드천사>

easy
초보자를 환영하는 낮은 문턱.
비 ease 편안함, 편하게 하다

1

A 약속하다

trust
관계를 지탱하는 보이지 않는 기둥. 근거와 시간이 쌓아올린 믿음의 저금통.
비 believe (사실이라고) 믿다

2

B 쉬운

person
선과 악의 사이에서 줄다리기 하는 지구의 관리자. 여러 명은 people을 쓴다.
비 human 인간

3

C 신뢰하다

Promise
pro(앞으로) mittere(send)해서 미래에 주겠다고 말하는 것.

4

D 의사, 박사

Dr.
아픔을 치유하는 하얀 가운의 수호자. 또는 지식의 정상에 오른 학문의 산증인.
반 patient 환자

5

E 사람

such

특정한 종류를 가리키는 손짓.

비 so 그렇게

6

F 가장 적은

anymore

이제는 아니라고 말하는 단호한 거절.

비 any longer 더 이상
반 still 여전히

7

G 모든 사람

least

더 내려갈 수 없는 바닥. little(적은, 작은)의 최상급.

비 less 더 적은

8

H 그런

everybody

하나도 빼놓지 않고 아우르는 집단 전체.

비 everyone 00 00

9

I 더 이상

spend

시간이나 돈을 써서 없애는 것.

비 use 사용하다
반 save 저축하다

10

J 소비하다

7ª 음악 연상 / 빈칸 해석

perfect [pə́ːrfekt=펄펙티]

완벽한⁽형⁾

a **perfect** day 한 ＿＿＿＿＿＿＿＿＿＿ 하루

beautiful [bjúːtifl=뷰티풀]

아름다운⁽형⁾ <ful: 가득한>

She has a **beautiful** smile. 그녀는 ＿＿＿＿＿＿＿＿＿ 미소를 가지고 있다.

figure [fígjər=피결]

판단하다⁽동⁾ 계산하다⁽동⁾ 형태⁽명⁾

I **figure** so. 나도 그렇게 ＿＿＿＿＿＿＿＿＿＿.

serious [síriəs=씨뤼어ㅆ]

진지한⁽형⁾

a **serious** face 한 ＿＿＿＿＿＿＿＿＿ 표정

rest [rest=뤠ㅅ티]

휴식⁽명⁾ 나머지⁽명⁾

Take a **rest**. 한 ＿＿＿＿＿＿＿＿＿ 취해라.

 961 완벽한 **962** 아름다운 **963** 판단한다/계산한다 **964** 진지한 **965** 휴식을

966 7257

possible [pásəbl=파써블]

가능한⁽형⁾ <ible:~할 수 있는>

a possible answer 한 _________________ 대답

967 7158

bit [bit=빝(ㅌ)]

약간⁽명⁾

a little bit 한 _____________ 적은 (=아주 조금)

968 7075

either [íːðər=이덜 / aiðər=아이덜]

둘 중 하나⁽대⁾⁽한⁾ ~도 역시⁽부⁾

Me either. 나_________________ 그렇지 (않아).

969 7064

Mrs. [mísiz=미씨즈]

~부인⁽명⁾

Mrs. Lee is my teacher. 리 _________________ 우리 선생님이다.

970 6792

throw [θrou=뜨로우]

던지다⁽동⁾

Throw the ball. 그 공을 _________________.

perfect
결점이 자취를 감춘 이상적인 상태.
비 ideal 이상적인
반 imperfect 불완전한

1

A 아름다운

beautiful
눈이 마음에게 주는 황홀한 선물.
비 pretty 예쁜, 꽤
반 ugly 못생긴

2

B 판단하다

figure
숫자나 윤곽을 알아내서 어떻게
할지 결정하는 것.
비 shape 모양

3

C 완벽한

serious
농담이 멈추고 진실이 시작되는
순간.
반 funny 우스운

4

D 휴식,
나머지

rest
움직임이 잠시 숨을 고르는 쉼표.
또는 전체에서 일부를 뺀 것.
비 relax (마음이) 쉬다
반 work 일하다

5

E 진지한

possible
문이 완전히 닫히지 않은 기회.

6

F 약간

bit
겸손하게 존재하는 소량의 무언가.

뷔 piece 조각
뷔 little 조금
뷴 lot 많이

7

G 던지다

either
양자택일이 요구하는 결정의 순간.

뷴 neither 둘 다 아닌
뷴 both 둘 다

8

H 가능한

Mrs.
결혼이 여인에게 선물한 새로운 호칭.

뷴 Mr. (남자) ~씨

9

I ~부인

throw
손에서 날아가는 작은 이별.

뷔 toss 던지다
뷴 catch 잡다

10

J 둘 중 하나, ~도 역시

8ª 음악 연상 / 빈칸 해석

interest [íntərəst=인터뤠스트]

관심⁽ᵐ⁾ 이자⁽ᵐ⁾ <inter: 사이에>

Show interest. _________________ 보여라.

trouble [trʌ́bl=트뤄블] [U]

문제⁽ᵐ⁾ 곤란⁽ᵐ⁾

Get in trouble. _________________ 안에 빠져라.

though [ðou=도우]

~ (이긴) 하지만⁽ᶜ⁾ 하지만⁽ᵃᵈᵛ⁾

Nice, though. 좋긴, _________________.

order [ɔ́ːrdər=올덜]

주문하다⁽ᵛ⁾ 명령⁽ᵐ⁾

Order the food. 그 음식을 _________________

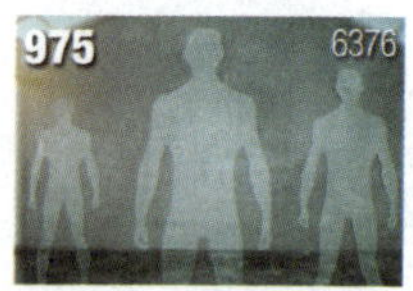

anybody [énibɑdi=에니바디]

누구든⁽ᵖ⁾

Ask anybody. _________________ 물어봐라.

976 nobody [nóubadi=노우바디]
아무도 ~하지 않다ⓓ

Nobody knows. _____________ 알지 _____________

977 finally [fáinəli=파이널리]
마침내ⓑ

Finally, I made it. _____________, 나는 해냈다.

978 shut [ʃʌt=셧(트)]
닫다ⓥ

Shut the door. 그 문을 _____________.

979 able [éibl=에이블]
~할 수 있는ⓐ

I'm able to swim. 나는 수영을 _____________.

980 certainly [sə́ːrtnli=썰튼리]
확실히ⓑ

Certainly not! _____________ 아니야!

interest

inter(사이에) est(존재하다)하는 마음이나 이익.

囲 **curiosity** 호기심
囲 **boredom** 지루함

1

A 주문하다, 명령

trouble

길을 막아선 돌덩이.

囲 **problem** OO

2

B 누구든

though

아쉬운 점이 있어도 힘내서 하고 싶을 때.

囲 **although** ~OO OOO

3

C 관심, 이자

order

신호등처럼 모두가 지키는 규칙. 또는 다른 사람에게 요구하는 것.

囲 **command** 명령

4

D 문제, 곤란

anybody

문을 두드리면 OOO 들어올 수 있는 열린 초대.

囲 **anyone** OOO
囲 **someone** 누군가

5

E ~(이긴) **하지만**

nobody
전화벨이 울려도 받지 않는 이유.
[반] everybody 모든 사람

6

F 닫다

finally
오래 기다린 버스가 도착하는 순간의 느낌.
[비] at last 마침내
[비] eventually 결국

7

G 아무도
~하지 않다

shut
더 이상 듣고 싶지않은 귀의 선택.
[비] close OO
[반] open 열다

8

H 확실히

able
날개를 펴고 날 준비가 된 새.
[비] capable ~할 능력이 있는
[반] unable ~할 수 없는

9

I 마침내

certainly
두 번 확인한 시험 답안의 자신감.
[비] definitely OOO
[비] surely 분명히
[반] maybe 아마도

10

J ~할 수 있는

funny [fʌ́ni=퍼니]
웃긴㉠

a funny story 한 ＿＿＿＿＿＿＿ 이야기

stupid [stjúːpid=ㅅ튜핃]
멍청한㉠

Everyone is stupid. 모두들 ＿＿＿＿＿＿＿＿＿＿＿＿. <미드천사>

realize [ríːəlàiz=뤼얼라이즈]
깨닫다㉨

Realize the truth. 그 진실을 ＿＿＿＿＿＿＿＿＿.

surprise [sərpráiz=썰프롸이즈]
놀라게 하다㉨ 놀람㉲ <sur: 위에서>

a big surprise 한 큰 ＿＿＿＿＿＿.

half [hæf=해프]
절반㉲

a half price 한 ＿＿＿＿＿＿＿ 가격

◉영어▶한글 [ear]한글▶영어 ◉한글▶영어

yours [jɔːrz=유얼지]

너의 것

So I'm yours forever. 그래서 나는 영원히 ________. <영화영작>

pull [pul=풀]

당기다[동]

Pull the rope. 줄을 ________.

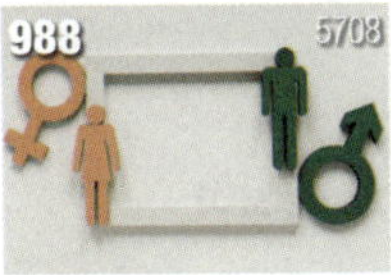

sex [seks=쎅ㅅ]

성[명] 성별[명]

same sex 같은 ________.

sometimes [sʌ́mtaimz=썸타임지]

때때로[부]

It happens sometimes. ________ 그런 일이 발생한다.

law [lɔː=러]

법[명]

Break the law ________ 어겨라.

986 너의 것이다 **987** 당겨라 **988** 성별 **989** 때때로 **990** 법을

funny
배를 잡게 만드는 즐거운 간지럼.
비 amusing 재미있는
반 serious 진지한

1

A 절반

stupid
답을 알면서도 틀릴 때 스스로에게 보내는 한숨.
비 foolish 어리석은
비 dumb 000

2

B 웃긴

realize
어둠 속에서 켜지는 이해의 전등.
비 understand 이해하다
비 recognize 인식하다

3

C 멍청한

surprise
평범한 상자 속 특별한 선물을 발견했을 때.
비 shock 충격을 주다
반 expect 예상하다

4

D 깨닫다

half
둘이 나눠 먹을 때 가장 공평한 크기.
반 whole 전체

5

E 놀라게 하다

yours
너만 쓸 수 있는 어떤 것.
쨴 mine 나의 것

6

F 당기다

pull
줄다리기에서 이기기 위한 힘의 방향.
쨴 draw (부드럽게 끌어서) OOO
쨴 push 밀다

7

G 너의 것

sex
남과 여를 구분하는 자연의 설계.
쨴 gender OO

8

H 가끔

sometimes
날짜로 치면 일요일이나 휴일 같은 빈도.
쨴 occasionally OO
쨴 always 항상

9

I 법

law
나쁜 사람은 잡고, 약한 사람은 보호하는 정의의 울타리.
쨴 rule 규칙

10

J 성,
성별

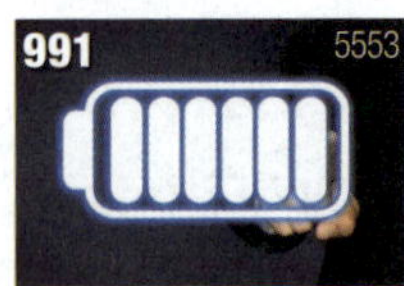

totally [tóutəli=토우털리]
완전히^부

I totally forgot. 나는 ___________________ 잊었다. <생활영어>

shot [ʃat=샽(ㅌ)]
쏘는 것^명 촬영^명

Give it a shot. 그것에게 한 ___________________(=시도)을 줘..

sign [sain=싸인]
신호^명 서명하다^동

Sign here. 여기에 ___________________.

expect [ikspékt=익ㅅ펙트]
기대하다^동 <ex=out: 밖으로>

He is expected to arrive soon. 그는 곧 도착할 것으로 _______________.

moment [móumənt=모우먼트]
순간^명

Just a moment. 단지 한 _____________(을 기다려라). <유럽여행>

996 5341

wonderful [wʌ́ndərfl=원덜플]

(놀랍도록) 멋진^형 <ful: 가득한>

a **wonderful** day 한 _______________ 하루

997 5321

sense [sens=쎈스]

감각^명 느낌^명

That makes **sense**. 저것은 _______________ 만든다. (=말이 된다)

998 5315

past [pæst=패스트]

과거^명

The **past** doesn't matter. 그 _______________ 문제되지 않는다.

999 5304

quite [kwait=콰잍(트)]

꽤^부

quite good _______________ 좋은

1000 5151

obvious [ábviəs=압비어스]

분명한^형

an **obvious** reason 한 _______________ 이유

totally
100%로 충전된 휴대폰 배터리의 느낌.
- 비 completely 000
- 비 entirely 전적으로

1

A 기대하다

shot
농구공이 골대를 향하는 도전. 또는 주사기의 따끔함.
- 비 shoot 쏘다 (동사)

2

B 완전히

sign
길을 알려주는 친절한 안내자.
- 비 signature 서명
- 비 signal 00

3

C 쏘는 것, 촬영

expect
내일의 소풍을 기다리는 설렘. 앞으로 있을 일을 ex(밖으로) spect(보다)하는 마음.

4

D 신호, 서명하다

moment
눈 깜짝할 사이에 지나가는 시간.

5

E 순간

wonderful

눈이 휘둥그레지는 wonder(놀라움)이 ful(가득한) 광경.

비 marvelous 훌륭한
비 fantastic 환상적인

6

F 꽤

sense

말하지 않아도 아는, 몸과 마음의 더듬이.

비 sensation (구체적인) OO, 화제
비 feeling OO

7

G 분명한

past

추억이 사는 마음속 오래된 집.

비 previous 이전의
비 former 예전의
반 present 현재 반 future 미래

8

H 멋진

quite

기대보다 조금 더 많은 만족.

비 rather 상당히 > quite > fairly 비교적

9

I 감각, 느낌

obvious

해가 동쪽에서 뜨는것같은 당연함.

비 clear 명확한
비 evident 분명한

10

J 과거

1004호 아파트의 비밀 관련 단원 1-10

우리 아파트에는 이상한 소문이 있다. 1004호에는 nobody인데도, 매일 밤 그곳에서 이상한 소리가 들린다는 소문이었다. 나는 호기심이 많은 대학생이라 그 truth를 알고 싶었다.

어느 날 밤, 나는 1004호 앞에 섰다. 문틈으로 빛이 새어나왔다. 누군가 분명히 있었다. 노크를 했다.

"Excuse me, 누구세요?"

문이 열렸다. 놀랍게도 할머니 한 분이 나왔다. 하지만 뭔가 달랐다. 할머니의 눈이 젊은 person처럼 반짝였다.

"어머, 젊은이가 왜 이 시간에?"

"저... 아래층에 사는데요. 가끔 소리가 들려서..."

"아, 미안해라. 들어올래? 차라도 한 잔 할까?"

나는 조심스럽게 들어갔다. 집 안이 놀라웠다. 벽면 가득 모니터가 있었고, 최신 컴퓨터들이 즐비했다.

"할머니, 이게 다 뭐예요?"

"Honey, 나는 해커야."

"Seriously?"

할머니가 웃었다.

"정확히는 화이트 해커지. 나쁜 사람들을 잡는 해커."

나는 믿을 수 없었다. 70대로 보이는 할머니가 해커라니.

"어떻게 이런 일을 하시게 됐어요?"

"앉아봐, 긴 이야기야."

할머니는 10년 전 은행에서 일했다고 했다. 은퇴 후 집에만 있으니 지루했다. 그때 손자가 컴퓨터를 가르쳐줬다.

"처음엔 유튜브나 보려고 배웠지. 그런데 인터넷에 나쁜 person이 정말 많더라. 특히 노인들을 속이는 사기꾼들."

할머니의 친구가 보이스피싱에 당했다. 평생 모은 돈을 lose했다. 그 친구는 충격으로 병원에 입원했고, 회복하지 못했다.

"그때 결심했어. 이런 나쁜 놈들을 잡아야겠다고. Maybe 늦은 나이지만, 뭔가 해야 했어."

할머니는 밤낮을 without하며 공부했다. 프로그래밍, 네트워크, 보안, 모든 것을. 젊은 사람들도 어려워하는 것들을 70대에 익혔다.

"Everybody가 불가능하다고 말했어. 늙은이가 무슨 해킹이냐고. 하지만 나는 포기하지 않았어."

5년이 지나자 할머니는 real 실력자가 됐다. 보이스피싱 조직을 추적해서 경찰에 넘겼다. 100명이 넘는 피해자들이 돈을 돌려받았다.

"경찰도 surprise했지. 이렇게 perfect한 증거를 모은 사람은 처음이라고."

하지만 할머니는 자신을 숨겼다.

"왜요? 영웅이 되실 수 있었는데."

"관심보다는 일을 계속하는 게 더 중요하지."

할머니는 매일 밤 일했다. 사기 사이트를 찾아 shut하고, 악성코드를 분석하고, 피해자들을 도왔다.

"가족들은 모르시나요?"

"아들은 미국에 있고, 손자는 바빠. 가끔 전화나 하지. 그래서 혼자 이 일을 해."

"외롭지 않으세요?"

"Sometimes. 하지만 이 일이 나를 살아있게 해. 목적이 있으니까."

그때 모니터에 알람이 울렸다. 새로운 피싱 사이트가 발견됐다.

"또 일이 생겼네. 오늘은 여기까지만 하자."

"잠깐요, 제가 도울 수 있을까요? 저 컴퓨터 공학과예요."

할머니의 눈이 빛났다.

"정말? 그럼 좋지! 젊은 머리가 필요했어."

우리는 팀이 됐다. 할머니의 경험과 젊은 에너지가 만나 wonderful 해졌다.

어느 날, 우리는 거대한 사기 조직을 found했다. 그들은 노인들의 연금을 노리고 있었다.

"이건 너무 위험해요. 경찰에 넘기는 게…"

"경찰도 못 잡는 놈들이야. 우리가 해야 해."

우리는 한 달 동안 그들을 추적했다. Finally 증거를 모두 확보했다. 하지만 trouble이 생겼다. 그들이 우리를 역추적하기 시작했다.

"Hell, 들켰어. 빨리 여기서 나가야 해!"

"할머니, 저는 괜찮아요. 할머니만 피하세요."

"Stupid한 소리 하지 마. 우리는 파트너야. 같이 시작했으면 같이 끝내야지."

우리는 재빠르게 대응했다. 가짜 IP(접속 주소)를 여러 개 만들고, 그들을 혼란시켰다. 그리고 모든 증거를 경찰과 언론에 동시에 보냈다.

다음 날 뉴스에 대서특필됐다. 300억 원대 사기 조직이 검거됐다. 주범 20명이 체포됐다.

"우리가 해냈어요!"

"Yet, 끝이 아니야. 이런 놈들은 계속 나타날 거야. 우리 일은 끝나지 않아."

그때 누군가 문을 두드렸다. 경찰이었다.

"혹시 '천사 해커'를 아십니까?"

"천사 해커요?"

"인터넷에서 나쁜 사람들을 잡는 미스터리한 해커입니다. 이 아파트 IP에서 활동한다는 정보가..."

할머니가 천진난만하게 웃었다.

"어머, 이 늙은이가 해커라니! 컴퓨터도 제대로 못 다루는데. 이 젊은
이가 가끔 와서 인터넷 뱅킹을 도와줄 정도예요."

경찰은 고개를 갸웃하며 돌아갔다.

"할머니, 위험했어요!"

"걱정 마. 내가 얼마나 조심스러운지 몰라?"

그 후로도 우리는 계속 일했다. 낮과 밤의 이중생활을 했다. 겉으로는 평
범한 할머니와 대학생이고, 실제로는 디지털 세계의 수호자들이었다.

어느 날 할머니가 말했다.

"내가 soon 80이야. 언젠가는 이 일을 못 하게 될 거야."

"그런 말씀 마세요. 할머니는 계속 할 수 있어요."

"아니야. 하지만 괜찮아. 네가 있으니까. 그리고 너처럼 좋은 젊은이
들이 더 나타날 거야."

할머니는 자신의 모든 지식을 내게 전수하기 시작했다. 단순한 기
술뿐 아니라, 철학과 원칙들도.

"힘을 가지면 책임도 따라와. 절대 개인적 이익을 위해 쓰면 안 돼."

"당연하죠."

"그리고 가족을 소홀히 하지 마. 내 가장 큰 후회야. 일만 하다가 손
자가 언제 이렇게 컸는지도 몰랐어."

나는 고개를 끄덕였다.

3년 후, 할머니가 돌아가셨다. 마지막까지 키보드 앞에 있었다. 장례식에는 수백 명이 왔다. 대부분은 할머니가 도운 피해자들이었다.

"이 분이 제 전 재산을 찾아주셨어요."

"우리 어머니를 사기꾼에게서 구해주셨죠."

"천사 같은 분이셨어요."

할머니의 컴퓨터에는 메모가 있었다.

"나의 젊은 친구에게, 네가 이 글을 읽고 있다면, 내가 더 이상 없다는 뜻이겠지. 슬퍼하지 마. 나는 행복했어. 마지막 10년이 내 인생에서 가장 의미 있었어. 네 덕분이야. 외로운 늙은이에게 목적을 다시 줬어. 부탁이 있어. 계속해 줘. 꼭 해킹이 아니어도 좋아. 네가 가진 능력으로 세상을 조금 더 나은 곳으로 만들어 줘. 그리고 가끔, 늙고 외로운 사람들을 찾아가 줘. 그들도 *still* 할 수 있는 일이 있다는 걸 알려줘. 나이는 숫자일 뿐이야."

– 사랑하는 마음으로, Mrs. 1004호

1001 5064

upset [ʌpsét=엎쎝]

속상한 (형)

I feel upset. 나는 _________________________ 느낀다.

1002 5052

protect [prətékt=프뤄텍트]

보호하다 (동) <pro: 앞으로>

Protect the baby. 그 아기를 _________________________.

1003 5027

secret [síːkrit=씨ㅋ뤼ㅌ(트)]

비밀 (명)

Keep a secret. 한 _________________________ 지켜라.

1004 5000

sort [sɔːrt=쏠ㅌ]

종류 (동) 분류하다 (동)

Sort by size. 크기별로 _________________________.

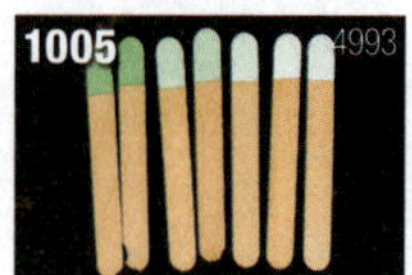

1005 4993

stick [stik=스틱]

붙이다 (동) 막대기 (명)

Stick it here. 여기에 그것을 _________________________.

   1001 속상하게 **1002** 보호해라 **1003** 비밀을 **1004** 분류해라 **1005** 붙여라

1006 4833

follow [fálou=팔로우]
따라가다⑧

Follow me. 나를 ______________________.

1007 4760

explain [ikspléin=익스플레인]
설명하다⑧ <ex=out: 밖으로>

Explain it again. 그것을 다시 ______________________.

1008 4704

absolutely [ǽbsəlùːtli=앱썰루틀리]
절대적으로⑨

You are absolutely right. 당신 말이 ______________ 맞다.

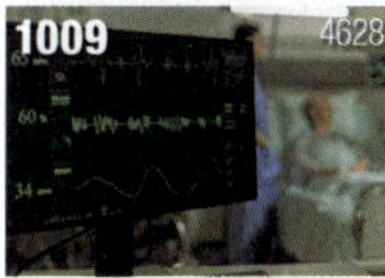

1009 4628

alive [əláiv=얼라이브]
살아있는⑩

still alive 여전히 ______________

1010 4573

special [spéʃəl=스페셜]
특별한⑩

a special gift 한 ______________ 선물

upset
배가 up(위로)으로 뒤집힌 것처럼 불편한 마음.
1

A 비밀

protect
어미새가 새끼를 위해 pro(앞으로)로 날개를 tect(덮은)한 이유.
2

B 종류, 분류하다

secret
귓속말로만 전하는 특별한 약속.
반 public 공개적인
반 open 공개된, 열린
3

C 붙이다, 막대기

sort
과일 가게의 사과와 배를 나누는 칸.
비 kind 종류
비 type 유형
4

D 속상한

stick
아이스크림이 달린 나무 손잡이.
OOO로 찌르니 고정되어 딱 OO 있다.
5

E 보호하다

follow
엄마 오리 뒤를 걷는 아기 오리.

6

㈔ pursue 추구하다
㈔ chase 쫓다
㈝ lead 이끌다

F 설명하다

explain
어려운 것을 쉽게 풀어주는 선생님. ex(밖으로) plain(명백하게) 알려주는 것.

7

G 절대적으로

absolutely
지구가 둥근 것처럼 바꿀 수 없는 강력함.

8

㈔ completely 완전히
㈔ totally 전적으로

H 따라가다

alive
심장이 뛰는 따뜻한 숨결.

9

㈔ living 0000
㈝ dead 죽은

I 특별한

special
다른 것과 구별되는 반짝이는 별.

10

㈔ unique 독특한
㈝ ordinary 평범한
㈝ common 일반적인

J 살아있는

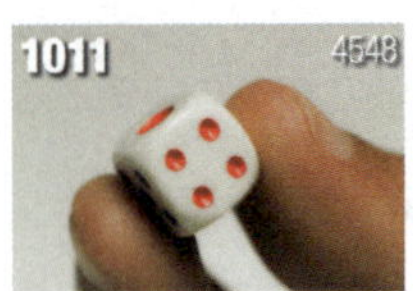

1011 4548

bet [bet=벹(트)]

내기하다⑧ 확신하다⑧

I bet so. 나는 그렇다고 ___________________.

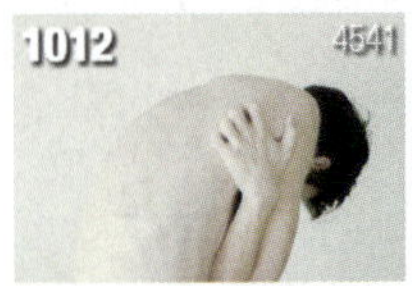

1012 4541

ain't [éint=에인트]

(상태가) 아니다[동]

That ain't true. 저것은 사실이 ___________________.

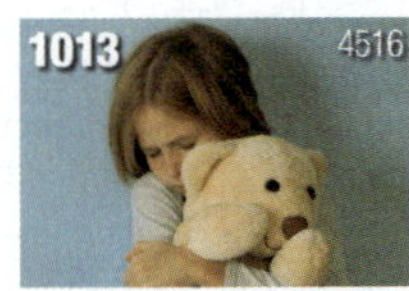

1013 4516

dear [dir=디얼]

소중한[형] 친애하는[형]

my dear friend 나의 ___________________ 친구

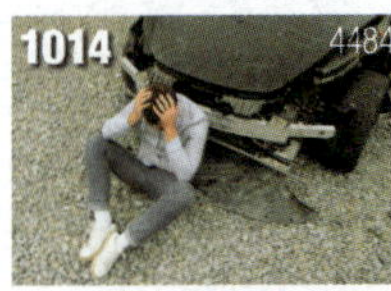

1014 4484

fault [fɔːlt=펄트]

잘못[명]

It's not your fault. 그것은 너의 ___________________ 아니다. <영화영작>

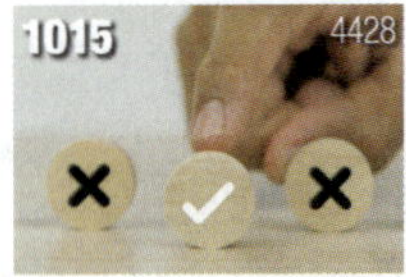

1015 4428

choice [tʃɔis=쵸이씨]

선택[명]

a good choice 한 좋은 ___________________

👁영어▶한글　　👂한글▶영어　　👁한글▶영어

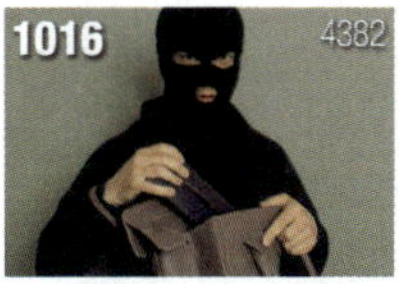

steal [stiːl=스티일]

훔치다[동]

Steal money. 돈을 ________________.

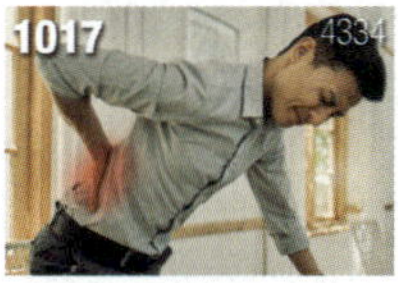

pain [pein=페인]

(지속적인) 통증[명]

Feel pain. ________________ 느껴라.

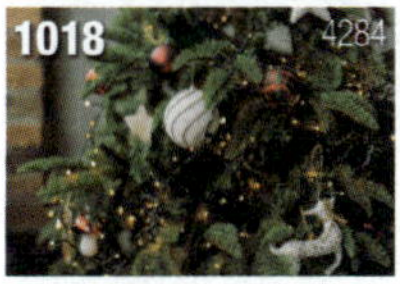

Christmas [krísməs=크뤼스머스]

크리스마스[명]

Merry Christmas! 즐거운 ________________!

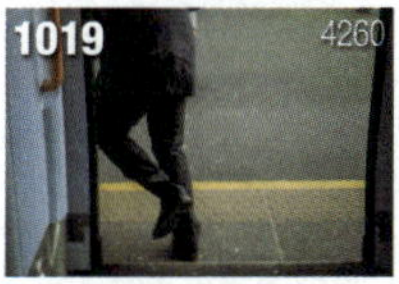

outside [áutsàid=아웉싸이드]

밖에[부] 밖[명]

It's too cold outside. ________________ 그것(날씨)은 너무 춥다. <생활영어>

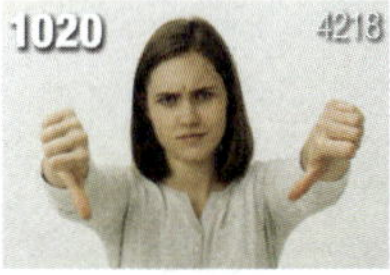

worse [wəːrs=월스]

더 나쁜[형] 더 나쁘게[부]

Don't make it worse. 그것을 ________________ 만들지 마라. <생활영어>

1016 훔쳐라 **1017** 통증을 **1018** 크리스마스 **1019** 밖에 **1020** 더 나쁘게

bet
돈을 걸어도 될 정도로 자신 있을
때 거는 용기의 약속.

1

A 선택

ain't
am not, is not, are not 상관 없이
쓸 수 있는 사투리.

2

B (상태가) **아니다**

dear
편지 첫머리에 쓰는 따뜻한 인사.

3

C 소중한,
친애하는

fault
실수가 남긴 후회의 얼룩.
비 mistake 실수

4

D 잘못

choice
여러 문 중 하나만 열 수 있는 기
회의 열쇠.
비 option OO권
비 selection OO

5

E 내기하다

steal
허락 없이 따는 남의 정원의 꽃.

비 rob OOO
비 take 가져가다

6

F 더 나쁜,
더 나쁘게

pain
넘어졌을 때 무릎이 보내는 빨간 신호.

비 ache OO
비 suffering 고통(의 경험)

7

G 훔치다

Christmas
예수님의 가짜 생일.

비 Xmas OOOOO

8

H (지속적인) 통증

outside
문을 열면 만나는 집 아닌 세상.

반 inside 내부, 내부에

9

I 크리스마스

worse
감기가 독감이 되는 안 좋은 방향.

반 better 더 나은

10

J 밖에,
밖

grace [greis=그뤠이씨]

우아함⁽명⁾

full of grace ＿＿＿＿＿＿＿＿＿＿이 가득한

handle [hǽndl=핸들]

다루다⁽동⁾ 손잡이⁽명⁾

You can't handle the truth! 너는 그 문제를 ＿＿＿＿＿＿＿ 수 없다!

cop [kap=캎]

경찰⁽명⁾

Call the cop. 그 ＿＿＿＿＿＿＿＿＿ 불러라.

gun [gʌn=건]

총⁽명⁾

Shoot a gun. 한 ＿＿＿＿＿＿＿ 쏴라.

piece [piːs=피이씨]

조각⁽명⁾

It's a piece of cake. 그것은 한 ＿＿＿＿＿＿＿의 케이크이다. (=아주 쉽다)

unless [ənlés=언레씨]

(혹시) ~하지 않으면㉒

unless you try 네가 시도____________________

offer [ɔ́ːfər=어펄]

제공하다㋞ 제안㋱ <fer: 나르다>

Offer help. 도움을 ____________________

breathe [briːð=브뤼이드]

숨쉬다㋞

Breathe deeply. 깊게 ____________________

relationship [riléiʃənʃip=륄레이션쉽]

관계㋱ <ship: 관계, 자격>

a healthy relationship 한 건강한 ____________________

anywhere [éniwɛər=에니웨얼]

어디든㋫

Go anywhere. ____________________ 가라

grace
백조가 물 위를 미끄러지는 부드러운 느낌.

1

A　경찰

handle
뜨거운 냄비를 들 수 있게 하는 귀퉁이.
回 manage 관리하다
回 deal with 처리하다

2

B　조각

cop
나쁜 사람을 잡는 정의의 일꾼.
回 police officer 경찰 공무원

3

C　총

gun
방아쇠를 당기면 총알이 나가는 위험한 무기.

4

D　우아함

piece
케이크를 자른 삼각형 한 쪽.
回 whole 전체

5

E　다루다, 손잡이

unless

혹시나 싶은 예외를 만드는 특별한 상황의 문.

반 if ~한다면

6

F 숨쉬다

offer

가게에서 보여주는 할인의 유혹.

비 propose 제안하다
비 present 제시하다

7

G 관계

breathe

코와 입으로 하는 공기의 교환.

비 breath [breθ=ㅂ뤠뜨] 숨 (명사)
비 inhale 숨을 들이마시다

8

H 어디든

relationship

사람과 사람을 잇는 보이지않는 실.

비 relation OO, 친척
비 connection 연결
비 bond 유대

9

I (혹시)
~하지 않으면

anywhere

어떤 곳도 모든 곳도 다 될 수 있는 흐릿한 장소.

비 anyplace OOO

10

J 제공하다,
제안

1031 3751

simple [símpl=씸플]
단순한⒣

a simple answer 한 ______________________ 대답

1032 3731

crime [kraim=크롸임]
범죄⒨

Fight crime. ______________와 싸워라.

1033 3707

somewhere [sʌ́mhwɛər=썸웨얼]
어딘가에⒝ 어딘가⒟

Let's go somewhere. ______________________ 가자

1034 3707

shoot [ʃuːt=슡(트)]
쏘다⒟

Shoot the ball. 그 공을 ______________,

1035 3695

straight [streit=ㅅㅌ뤠잍(트)]
곧은⒣ 곧게⒝

Go straight ahead. ______________ 앞으로 가라. <유럽여행>

👁영어▶한글 👂한글▶영어 👁한글▶영어

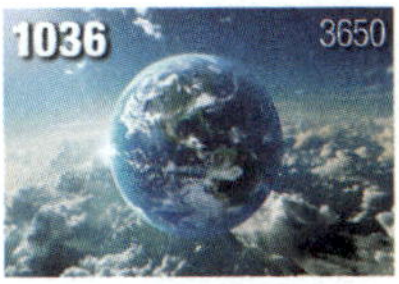
1036
3650

entire [intáiər=인타이얼]

전체의[형]

the entire world 그 ________________ 세상

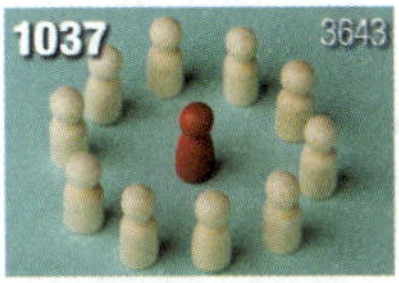
1037
3643

situation [sìtʃuéiʃən=씨츄에이션]

상황[명]

in this situation 이 ________________ 안에서

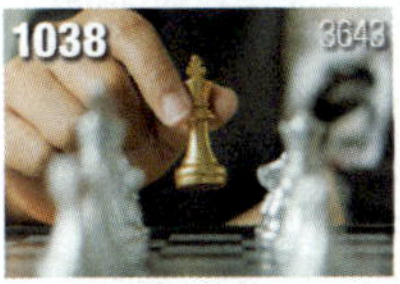
1038
3643

situate [sítʃuèit=씨츄에잍(ㅌ)]

위치시키다[동]

Situate the building. 건물을 ________________.

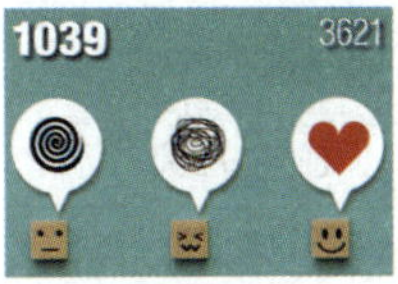
1039
3621

state [steit=스테잍(ㅌ)]

상태[명] 주[명]

a mental state 한 정신의 ________________

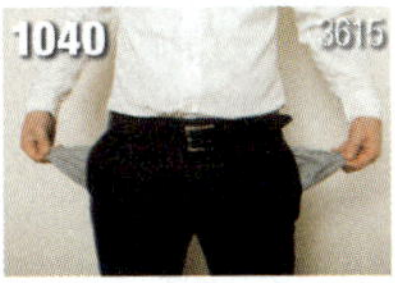
1040
3615

none [nʌn=넌]

(아무것도) 없음[대]

none left 남은 (것이) ________________

simple
꼭 필요한 것만 남겨 알기 쉬운 상태.
[반] complex 복잡한
[반] complicated 복잡한

1

A 범죄

crime
법이라는 선을 넘은 나쁜 행동.
[비] criminal 범죄자

2

B 단순한

somewhere
정확히 모르지만 존재하는 어떤 장소.

3

C 곧은

shoot
빠르게 뭔가를 던지거나 잡아내는 행동.
[비] shot 쏘는 것, 촬영 (명사)

4

D 어딘가에, 어딘가

straight
자를 대고 그은 선의 느낌.
[반] curved 곡선의

5

E 쏘다

entire
whole(○○○)보다 '빠진게 없음'을 강조하는 조금 딱딱한 말.
⑪ complete 완전한

6

F 아무것도 없음

situation
지금 주변에 있는 현실의 모습.
⑪ circumstance 상황
⑪ condition 조건, 상태

7

G 위치시키다

situate
가구를 방 안에 알맞게 놓는 배열.
⑪ locate 위치시키다

8

H 상태, 주

state
건강하거나 아픈 몸의 ○○. 또는 미국을 나눈 50개의 큰 동네.
⑪ condition ○○, 조건

9

I 전체의

none
텅 빈 주머니 속의 허전함.

10

J 상황

birthday [bə́:rθdei=벌ㄸ데이]

생일 ^명

Happy birthday! 행복한 _________________! (=생일 축하해)

terrible [térəbl=테뤄블]

끔찍한 ^형 <ble:~할 수 있는>

That sounds terrible. 저것은 _________________ 들린다. <생활영어>

message [mésidʒ=메씨쥐]

문자 ^명 메일 ^명

Send a message 한 _________________ 보내라

concern [kənsə́:rn=컨썰언]

걱정 ^명 관심 ^명 <con: 함께>

Show concern. _________________ 보여라.

mention [ménʃən=멘션]

언급하다 ^동

Don't mention it. 그것을 _________________ 마라.

1046 3481

anger [ǽŋgər=앵걸]
분노®

full of anger _________________ 로 가득찬

1047 3481

deserve [dizə́:rv=디절브]
받을 자격이 있다®

You deserve a promotion. 너는 한 승진을 _________________.

1048 3434

sweetheart [swí:thà:rt=스윝할티]
사랑하는 사람®

She is my sweetheart. 그녀는 나의 _________________.

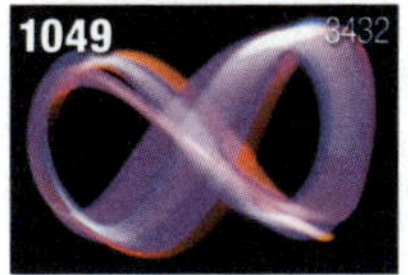

1049 3432

forever [fərévər=퍼뤠벌]
영원히® <for: 완전히>

I'll love you forever. 나는 너를 _________________ 사랑할 것이다.

1050 3414

ride [raid=롸이드]
타다®

Ride a bike. 한 자전거를 _________________.

birthday 1
내가 세상에 온 날.

A 끔찍한

terrible 2
terror(공포)를 ible(~할 수 있는)하게
만드는 무서운 느낌.
(비) awful OOO
(비) horrible 무서운

B 문자,
메일

message 3
휴대폰으로 보내는 짧은 편지.

C 걱정,
관심

concern 4
마음 한구석을 차지한 불안한 구름.
con(함께) cern(구별하다)하는 것.
(비) worry 걱정
(비) matter 문제

D 생일

mention 5
대화 중에 살짝 꺼내는 이름이나
이야기.
(비) refer to OOOO

E 언급하다

anger
얼굴을 빨갛게 만드는 뜨거운 감정.
비 rage OO

6

F 사랑하는 사람

deserve
노력한 만큼 생기는 권리.
비 earn 받을만하다, 획득하다

7

G 영원히

sweetheart
꿀처럼 달콤한 사랑의 호칭.
비 darling 자기

8

H 타다

forever
끝이 없는 우주처럼 계속되는 시간.
비 eternally OOO
비 always 항상

9

I 분노

ride
자전거나 차에 몸을 싣고 이동하는 것.

10

J 받을 자격이 있다

1051 3406

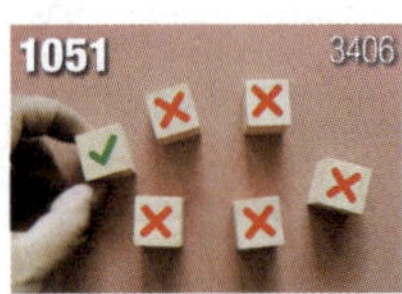

except (for) [iksépt (fɔr)=익쎕(트) (폴)]

~을 제외하고^전 <ex=out: 밖으로>

Everyone came except (for) John. 존______________ 모두 여기 있다.

1052 3406

hide [haid=하이드]

숨다^동 숨기다^동

Hide the truth. 진실을 ______________

1053 3404

comfortable [kʌ́mfərtəbl=컴펄터블]

편안한^형 <ble:~할 수 있는>

a comfortable bed 한 ______________ 침대

1054 3404

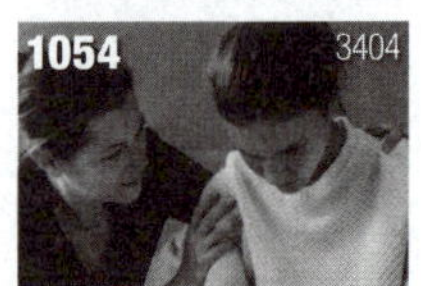

comfort [kʌ́mfərt=컴펄트]

위로하다^동 <com: 함께>

Comfort a friend. 친구를 ______________

1055 3382

charge [tʃɑːrdʒ=챨쥐]

청구받다^동 충전하다^동 요금^명 담당^명

Charge a fee. 요금을 ______________

👁영어▶한글 👂한글▶영어 👁한글▶영어

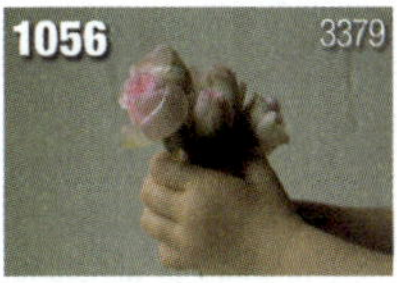

appreciate [əpríːʃièit=어프뤼쉬에잍(ㅌ)]

감사하다[동] 감상하다[동]

I appreciate your help. 나는 네 도움에 ______________.

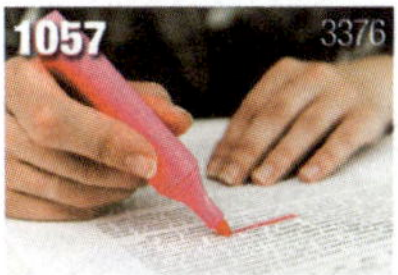

especially [ispéʃəli=이ㅅ페셜리]

특히[부] <spec: 보다>

It is especially important. 그것은 ______________ 중요하다.

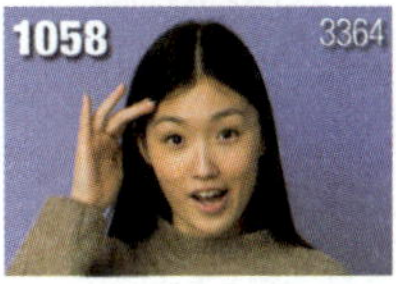

notice [nóutis=노우티ㅆ]

알아차리다[동] 공고문[명]

I noticed the change. 나는 변화를 ______________.

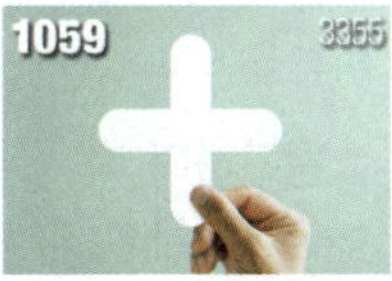

besides [bisáidz=비싸잍ㅈ]

게다가[부]

I'm tired. Besides, I need rest. 나는 피곤하다. ______________ 휴식이 필요하다.

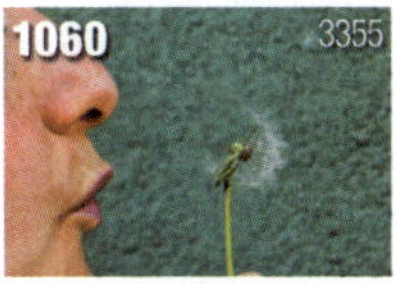

blow [blou=블로우]

불다[동]

Blow the candle. 촛불을 ______________.

1056 감사한다 **1057** 특히 **1058** 알아차렸다 **1059** 게다가 **1060** 불어라

except (for)
전부 중에서 하나만 빼는 예외.
어원 ex(밖으로) + cept(가져가다)
비 excluding ~○ ○○○○
반 including ~을 포함하여

1

A 숨다

hide
술래잡기에서 찾지 못할 곳에 몸을 감추는 것.
반 reveal 드러내다
반 show 보여주다

2

B 편안한

comfortable
푹신한 소파에 누운 몸의 느낌.

3

C ~을 제외하고

comfort
슬픔을 달래주는 친구의 어깨.
반 discomfort 불편함

4

D 청구하다, 충전하다

charge
휴대폰 배터리에 먹이를 주는 일. 또는 물건을 살 때 내는 돈.
반 discharge 방출하다, 내보내다

5

E 위로하다

appreciate

thank보다 우아하게 고마움을 표현하고 싶을 때.

어원 ap(~로) +pretium(가치)

6

F 특히

especially

빨간 펜으로 동그라미 친 중요한 부분.

비 particularly OO
반 generally 일반적으로

7

G 불다

notice

달라진 친구 머리를 발견하는 눈썰미. 또는 게시판에 붙은 알림 종이.

8

H 알아차리다, 공고문

besides

정규 수업 후에 있는 방과 후 활동 같은 것.

비 moreover 더욱이
비 additionally 추가로

9

I 게다가

blow

생일 케이크 촛불을 끄는 입김.

10

J 감사하다, 감상하다

himself [himsélf=힘쎌프]

그 자신을 ㈹

He hurt himself. 그는 _________________ 다치게 했다.

worth [wɔːrθ=월뜨]

가치 있는 ㈦

It is worth trying. 그것은 시도할 _________________.

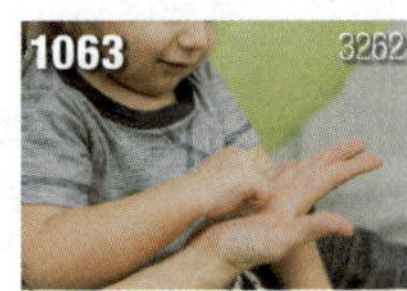

count [kaunt=카운트]

세다 ㈧

Count the money. 돈을 _________________.

rather [ræðər=뢔덜]

차라리 ㈖

I would rather die. 나는 _________________ 죽을 것 같다.

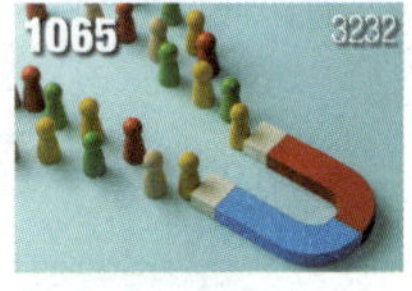

lead [liːd=리이드]

이끌다 ㈧

The blind lead the blind. 눈먼 사람들이 눈먼 사람들을 _________________.

👁영어▶한글 　 👂한글▶영어 　 👁한글▶영어

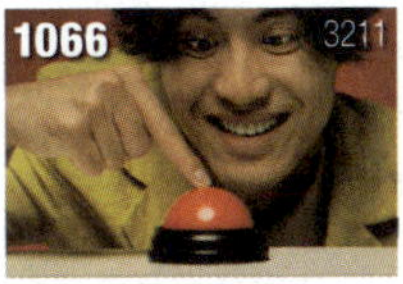
1066
3211

press [pres=프뤠ㅆ]

누르다[동] 언론[동]

Press the button. 버튼을 ______________________.

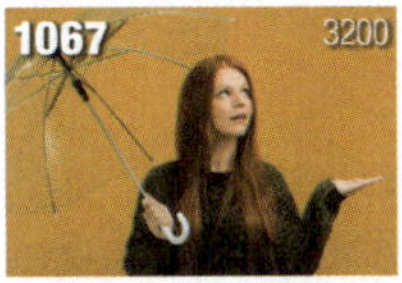
1067
3200

sudden [sʌ́dn=써든]

갑작스러운[형]

a sudden change 한 ______________________ 변화

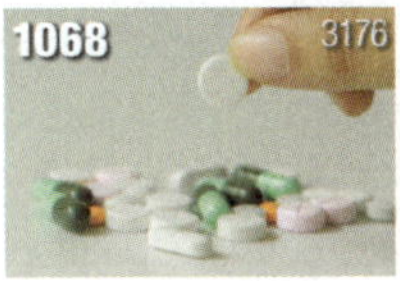
1068
3176

drug [drʌg=드뤅]

약물[명]

Take a drug. 한 ______________________ 복용해라.

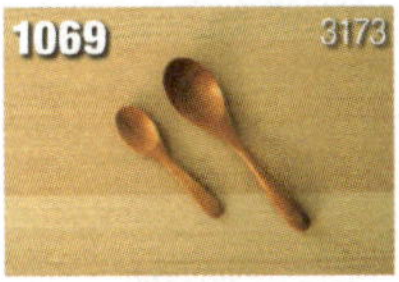
1069
3173

less [les=레ㅅ]

더 적은[형] 더 적게[부]

less sugar ______________________ 설탕

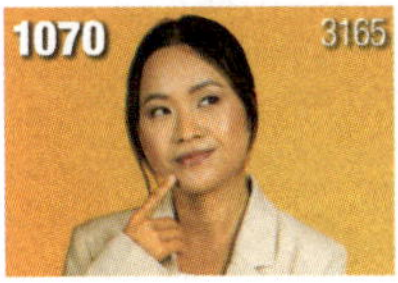
1070
3165

perhaps [pərhǽps=펄햎ㅅ]

아마도[부]

Perhaps we can talk later. ______________________ 우리가 나중에 얘기할 수 있다.

1066 눌러라 **1067** 갑작스러운 **1068** 약물을 **1069** 더 적은 **1070** 아마도

himself
거울 속에 비친 한 남자.
(반) herself 그녀 자신을

1

A 세다

worth
시간과 노력을 들일 만한 이유. 특이하게 전치사처럼 쓸 수 있다.
(비) value 가치
(반) worthless 가치없는

2

B 차라리

count
하나, 둘, 셋 손가락을 접어서 하는 숫자 놀이.

3

C 가치 있는

rather
이것보다 저것이 낫다는 비교.

4

D 이끌다

lead
맨 앞에서 길을 보여주는 안내자.
(비) guide 안내하다
(비) direct 지휘하다
(반) follow 따르다

5

E 그 자신을

press
엘리베이터 버튼을 미는 손가락이 하는 일. 또는 대량 인쇄하여 소식을 퍼트리는 것.
비 push 누르다

6

F 약물

sudden
준비할 시간 없이 찾아온 손님.
비 unexpected 예상치 못한

7

G 갑작스러운

drug
아플 때 먹는 특별한 작은 음식.
비 medicine (치료 목적의) 약

8

H 아마도

less
형과 비교했을 때, 동생이 받는 용돈의 느낌.
비 fewer 더 적은 비 smaller 더 작은
반 more 더 많은

9

I 더 적은

perhaps
50% 확률로 일어날 수도 있는 가능성.
비 maybe OOO (50%)
비 possibly OOO (30%)

10

J 누르다, 언론

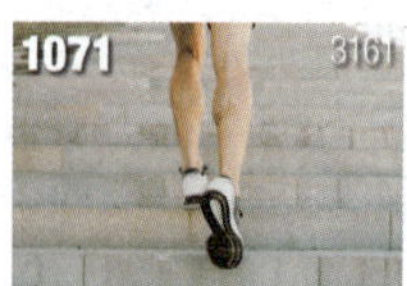

1071 3161

step [step=스텝]

걸음⑲ 단계⑲ 계단⑲

Watch your step. 너의 ________ 봐라(=조심해라). <생활영어>

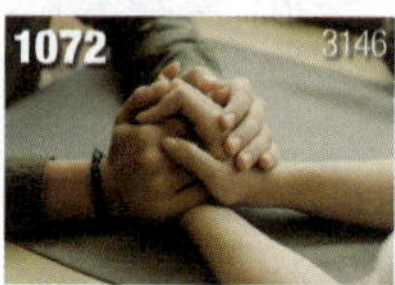

1072 3146

darling [dá:rliŋ=달링]

자기[명]

Yes, darling. 그래, ________.

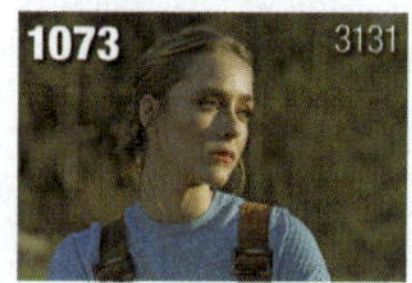

1073 3131

Ms. [miz=미즈]

(여자) ~씨[명]

Ms. Kim is here. 김________ 여기 있다.

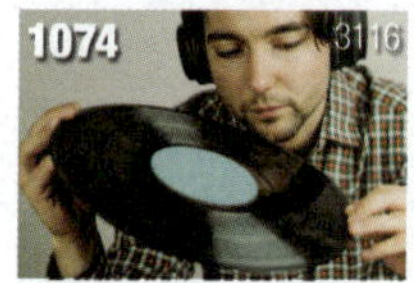

1074 3116

record [rékərd=뤠컬드]

기록[명] 음반[명] 기록하다[동] [rikɔ́rd=뤼컬드]

Record a video. 영상을 ________.

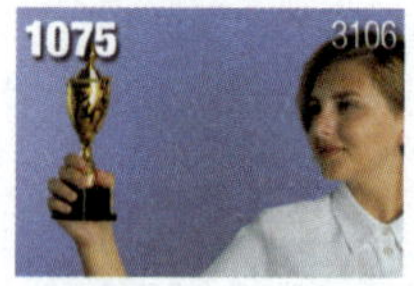

1075 3106

honor [ánər=아널]

명예[명] (=honour, 영국식)

a great honor 한 대단한 ________

영어▶한글 한글▶영어 영어▶한글

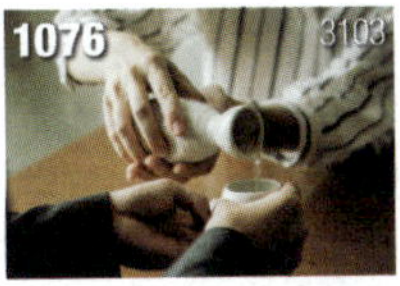

treat [triːt=트뤼잍(ㅌ)]

대우하다[동] 치료하다[동] 대접[명]

Treat him well. 그를 잘 ______________.

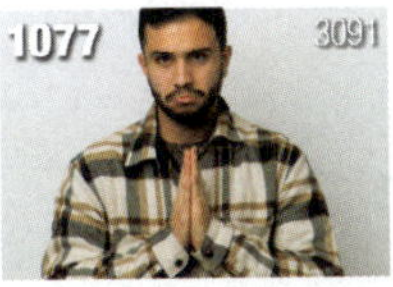

admit [ədmít=어드밑(ㅌ)]

인정하다[동] <mit: 보내다>

Admit the mistake. 실수를 ______________.

till [til=틸]

~까지[전][접]

Wait till night 밤 ______________ 기다려라.

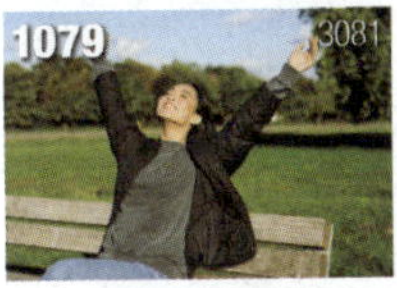

enjoy [indʒɔ́i=인죠이]

즐기다[동]

I enjoy writing. 나는 (글)쓰기를 ______________. <중학영어>

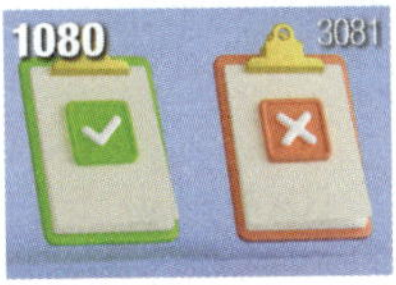

rule [ruːl=룰]

규칙[명] 지배하다[동]

Break the rule. 그 ______________ 깨라(=어겨라).

1076 대우해라/치료해라 **1077** 인정해라 **1078** 까지 **1079** 즐긴다 **1080** 규칙을

step
목표까지 가는 과정의 한 칸.

1 — A 걸음, 단계

darling
아끼는 사람을 위한 특별한 말.
[비] sweetheart 사랑하는 사람
[비] dear 자기

2 — B 기록하다, 음반

Ms.
결혼 여부를 모를 때 쓰는 여성 호칭.
[비] Miss (결혼 안 한) 여인
[비] Mrs. (결혼한) 여인

3 — C 명예

record
운동 경기에서 가장 좋은 성적.

4 — D 자기

honor
메달이나 상장으로 받는 자랑스러움. honor의 h는 소리 내지 않는다.
[반] dishonor 불명예

5 — E (여자) ~씨

treat 6
친구에게 밥을 사주는 작은 선물. 또는 의사가 환자를 낫게 하는 행동.

F ~까지

admit 7
잘못했다고 솔직히 말하는 용기. 마음 안의 ad(~쪽으로)에 mit(보내다)해서 받아들이는 것.

G 대우하다

till 8
목적지에 도착할 때까지의 여정. until의 원조.

H 인정하다

enjoy 9
joy(기쁨)을 en(만들다)하는 것.

I 규칙, 지배하다

rule 10
게임을 공평하게 만드는 약속의 울타리

J 즐기다

evil [íːvl=이이블]

사악한⁽형⁾ 악⁽명⁾

an evil eye 한 ＿＿＿＿＿＿＿＿＿ 눈

strange [streindʒ=스트뤠인쥐]

이상한⁽형⁾

a strange dream 한 ＿＿＿＿＿＿＿＿＿ 꿈

America [əmérika=어메뤼카]

미국⁽명⁾

Visit America. ＿＿＿＿＿＿＿＿＿ 방문해라.

calm [kɑːm=캄]

침착한⁽형⁾

Stay calm. ＿＿＿＿＿＿＿＿＿ 있어라.

imagine [imǽdʒin=이매쥔]

상상하다⁽동⁾

Imagine the future. 그 미래를 ＿＿＿＿＿＿＿＿＿.

 1081 사악한 **1082** 이상한 **1083** 미국을 **1084** 침착하게 **1085** 상상해라

영어▶한글 한글▶영어 한글▶영어

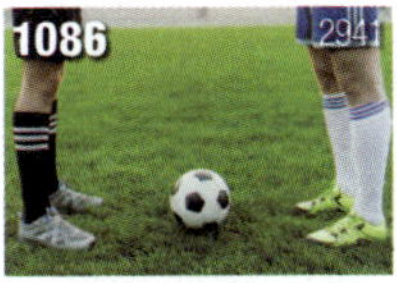

fair [fɛər=페얼]

공정한[형]

It's not fair. 그것은 ____________________ 않다. <생활영어>

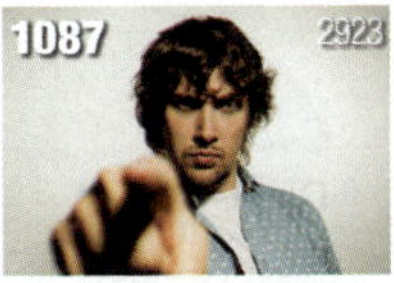

blame [bleim=블레임]

비난하다[동] 책임[명]

Don't blame me. 나를 ____________________ 마라.

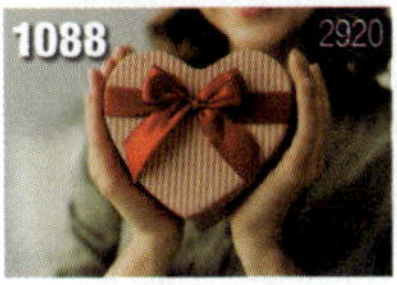

favor [féivər=페이벌]

부탁[명] 호의[명] (=favour, 영국식)

I need a favor. 나는 한 ____________________ 필요하다. <생활영어>

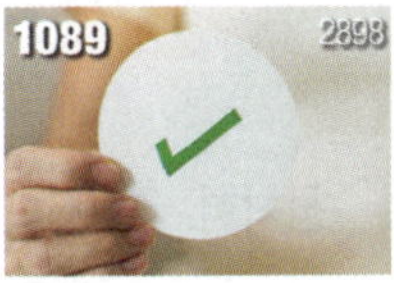

accept [əksépt=엌셉ㅌ]

받아들이다[동] <cept: 가져가다>

Accept the truth. 그 진실을 ____________________.

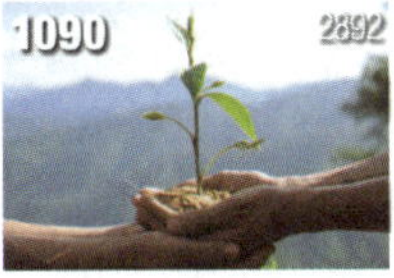

responsible [rispánsəbl=뤼ㅅ판써블]

책임감 있는[형] <ible:~할 수 있는>

a responsible person 한 ____________________ 사람

evil
타인의 눈물을 먹고 자라는 독.
- 圓 wicked OOO
- 圓 bad 나쁜
- 凡 good 선한

1

A 이상한

strange
익숙한 풍경에 나타난 물음표.
- 圓 stranger 이방인
- 圓 odd OOO

2

B 미국

America
자유의 여신상이 손 흔드는 기회의 땅. 국방비에 매년 천조 원을 써서 '천조국'이라 불리기도 한다.
- 圓 USA OO United States OO

3

C 상상하다

calm
바람 없는 호수의 거울 같은 표면.
- 圓 peaceful 평화로운
- 圓 quiet 조용한

4

D 침착한

imagine
눈을 감고 그리는 마음의 영화.

5

E 사악한

fair
모두에게 같은 크기로 나눈 케이크 조각.

비 just 000
반 unfair 불공정한

6

F 부탁, 호의

blame
잘못한 사람을 가리키는 손가락.

비 accuse 0000

7

G 책임감 있는

favor
대가 없이 베푸는 친절의 선물.

8

H 받아들이다

accept
다른 의견도 옳다고 끄덕이는 열린 마음.

반 reject 거절하다
반 refuse 거부하다

9

I 공정한

responsible
맡은 일을 끝까지 해내는 든든한 태도.

반 irresponsible 무책임한

10

J 비난하다, 책임

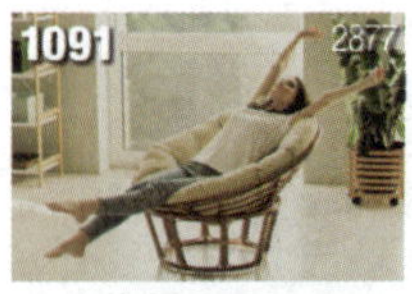

relax [riláeks=륄랙스]

(마음을) 쉬다[동]

Relax a bit. 조금 ＿＿＿＿＿＿＿＿＿＿＿ .

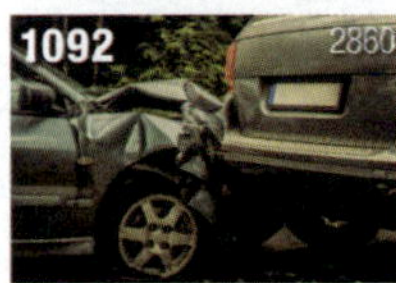

accident [ǽksidənt=액씨던트]

사고[명] <ac: ~로>

a car accident 한 차 ＿＿＿＿＿＿＿＿＿

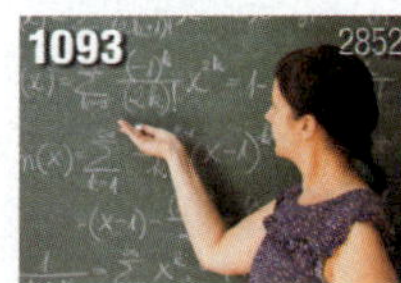

prove [pruːv=프룹(ㅂ)]

증명하다[동]

Prove your point. 너의 주장을 ＿＿＿＿＿＿＿＿＿＿＿＿ .

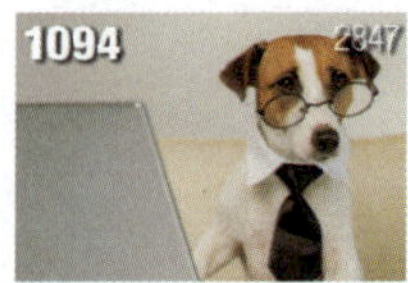

smart [smaːrt=ㅅ말트]

똑똑한[형]

a smart student 한 ＿＿＿＿＿＿＿＿＿ 학생

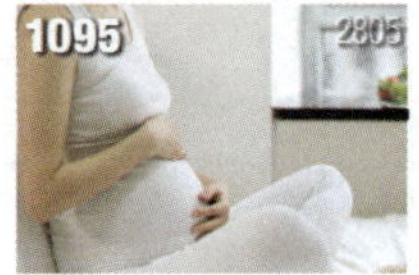

pregnant [prégnənt=프뤠그넌트]

임신한[형] <pre: 미리, 앞에>

She's pregnant. 그녀는 ＿＿＿＿＿＿＿＿＿＿＿＿ .

　1091 쉬어라 **1092** 사고 **1093** 증명해라 **1094** 똑똑한 **1095** 임신했다

영어▶한글 한글▶영어 한글▶영어

arrest [ərést=어뤠스트]

체포하다[동] <ar: ~로>

Arrest the thief. 그 도둑을 ______________________.

guilty [gílti=길티]

유죄인[형] 죄책감 있는[형]

I feel guilty. 나는 ______________________ 느낀다.

shall [ʃæl=쉘]

~할 것이다[조] ~해라[조]

Shall we go? 우리는 갈 ______________________?

dude [djuːd=듀(드)]

(남자) 녀석[명]

Hey dude! 어이, ______________!

bother [báðər=바덜]

귀찮게 하다[동]

Don't bother me. 나를 ______________________ 마라.

1096 체포해라 **1097** 죄책감 있게/유죄로 **1098** 것인가요? **1099** 녀석 **1100** 귀찮게 하지

20b 퍼즐 연상

relax — 1

일하던 손을 놓고 소파에 누워 마음을 편하게 하는 것.
뻬 rest (몸을) OO

accident — 2

운명이 던진 주사위의 나쁜 숫자.

prove — 3

의심을 확신으로 바꾸는 증거의 열쇠.

smart — 4

남들이 못 푸는 문제를 풀 수 있는 이유.
뻬 intelligent OOO
뻬 clever 영리한

pregnant — 5

두 심장이 함께 뛰는 특별한 시간.
gnant(태어나다)하기 pre(미리, 이전)의 상태.

A 증명하다

B 임신한

C 똑똑한

D (마음을) 쉬다

E 사고

arrest

나쁜 선택의 끝에 채워지는 수갑.

비 capture 붙잡다
반 release 석방하다
반 free 풀어주다

6

F 귀찮게 하다

guilty

법정에서 내려진 무거운 판결.

비 guilt 유죄 (명사)
반 innocent 무죄인

7

G ~할 것이다

shall

왕과 예언자의 조동사. 반드시 일어날 일을 예고하는 종소리. 하지만 물어볼 땐 상대의 뜻에 따르겠다는 아주 부드러운 표현.

8

H 체포하다

dude

편하게 부르는 동네 친구의 별명.

비 guy ㅇㅇ

9

I 유죄인
죄책감 있는

bother

편한 휴식을 흔드는 성가신 부탁.

비 annoy ㅇㅇㅇ ㅇㅇ
비 disturb 방해하다

10

J (남자) 녀석

대학생 용진이는 편의점에서 야간 알바를 했다. 어느 Christmas 전날 밤, strange한 손님이 들어왔다. 검은 후드를 쓴 남자였다.

"담배 한 갑 주세요."

"신분증 좀 보여주세요."

남자가 주머니에서 뭔가를 꺼냈다. gun이었다.

"이거면 충분하지?"

용진이는 calm하게 말했다.

"그건 장난감 총이네요. 제 동생도 갖고 있어요."

남자가 당황했다. 정말 장난감이었다. 사실 그는 cop이 아니라 배고픈 노숙자였다.

"죄송해요. 정말 terrible한 짓이었어요. 저는 단지..."

"Sweetheart, 앉으세요. 라면이라도 드릴게요."

용진이는 컵라면을 건넸다. 남자가 울먹였다.

"왜 이렇게 친절하세요? 저는 guilty한 사람인데."

"모든 사람은 실수를 해요. Especially 힘들 때는."

남자는 이야기를 시작했다. 그는 과거 성공한 의사였다. Dr.김이라 불렸다. 하지만 drug 중독으로 모든 걸 잃었다.

"제 fault예요. 가족도 떠났고, 면허도 취소됐어요."

"Perhaps 다시 시작할 수 있어요."

"불가능해요. 저는 이미..."

그때 편의점 문이 열렸다. 진짜 강도가 들어왔다. 진짜 gun을 들고 있었다.

"돈 내놔! 빨리!"

용진이가 떨며 금고를 열려 했다. 노숙자가 sudden하게 일어났다.

"잠깐! 저는 의사예요. 아니, 였어요. 하지만 여전히 사람을 protect할 수 있어요."

"닥쳐! 움직이면 shoot한다!"

노숙자가 강도에게 천천히 다가갔다.

"당신도 아프잖아요. 손이 떨리고 있어요. 약물 금단 증상이죠? 저도 겪어봤어요."

강도의 눈이 흔들렸다.

"어떻게..."

"저도 똑같았어요. Pain이 얼마나 terrible한지 알아요. 하지만 이건 답이 아니에요."

강도가 gun을 내렸다. 그리고 울기 시작했다.

"저는... 제 아이가 아파요. 병원비가 없어서..."

노숙자가 자신의 낡은 지갑을 꺼냈다.

"여기 있는 건 별로 없지만... 가져가세요."

용진이도 자신의 지갑을 꺼냈다.

"저도 드릴게요. 많지 않지만."

강도가 놀라서 쳐다봤다.

"왜... 왜 이러세요? 저는 나쁜 사람인데."

"누구나 절망적인 순간이 있어요. 중요한 건 choice예요."

그때 밖에서 사이렌 소리가 들렸다. 누군가 신고한 것이다.

"빨리 가세요! 뒷문으로!"

용진이가 외쳤다. 강도가 망설였다.

"하지만..."

"가요! 당신 아이가 기다려요!"

강도가 뒷문으로 사라졌다. Cop들이 들어왔다.

"강도가 어디 있습니까?"

"없어요. 그냥 취한 손님이 소리 질렀을 뿐이에요."

경찰이 의심스럽게 CCTV(감시 카메라)를 확인했다. 하지만 이상하게
도 녹화가 되어 있지 않았다. 용진이가 그 사이에 지운 것이다.

경찰이 떠난 후, 노숙자가 말했다.

"당신은 special한 사람이에요."

"아니에요. 단지 믿는 거예요. 모든 사람은 두 번째 기회를 deserve
한다고."

다음 날, 놀라운 일이 일어났다. 어제 그 강도가 편의점에 다시 왔다. 깨
끗하게 씻고, 정장을 입고 있었다.

"어제 일은 정말 미안해요. 이건 빌린 돈이에요."

그는 봉투를 내밀었다.

"필요 없어요. 괜찮아요."

"Accept해주세요. 그리고 이것도."

그는 명함을 건넸다. 큰 회사의 사장이었다.

"사실 저는 시험하고 있었어요. 이 세상에 아직 좋은 사람이 있는지."

"뭐라고요?"

사장이 explain했다. 그는 TV 프로그램을 만들고 있었다. 숨은 angel이라는 프로그램이었다. 어려운 상황에서 남을 돕는 사람을 찾는 것이었다.

"당신들이 주인공이에요. 둘 다."

노숙자가 놀랐다.

"저도요?"

"Absolutely! 당신은 과거의 실수에도 불구하고 남을 도우려 했어요."

프로그램이 방영된 후, 놀라운 변화가 생겼다. 노숙자에게 재활 프로그램을 offer하는 병원이 나타났다. 그리고 복직 기회도 생겼다.

6개월 후, 둘은 다시 만났다. Dr.김은 다시 의사가 되어 있었다.

"용진 씨, 당신이 저를 구했어요."

"아니에요. 스스로 하신 거예요. 저는 단지 라면을 줬을 뿐이에요."

그들은 웃었다. 그리고 Dr. 김이 말했다.

"한 가지 secret이 있어요."

"뭔데요?"

"그 프로그램 PD가 제가 살렸던 옛 환자예요. 그가 저를 알아보고 기회를 줬던 거예요."

용진이가 미소 지었다.

"세상은 정말 신기해요. 업보라고 할까요? 선한 일은 결국 돌아와요. 때때로 예상치 못한 방식으로."

그 후 둘은 가장 좋은 친구가 됐다. Dr.김은 무료 진료소를 열었고, 용진이는 졸업 후 그곳에서 일하기로 했다.

편의점 사장이 말했다.

"너희 때문에 우리 가게가 유명해졌어. '천사의 편의점'이래."

"과장이에요."

"아니야. 어제도 노숙자가 와서 밥 먹고 갔어. 누가 지불했는지 모르겠지만."

용진이와 Dr. 김이 서로를 봤다. 둘 다 어제 몰래 돈을 냈다. 같은 시간, 같은 마음으로.

크리스마스가 다시 왔다. 편의점에는 특별한 공지가 붙었다.

"배고픈 사람은 무료입니다. 따뜻한 음식을 드립니다. 판단하지 않습니다. 단지 인간이니까요."

그 아래 작은 글씨로 쓰여 있었다: *PS. 가짜 gun 가진 분도 환영입니다. 진짜 gun은 outside에 두고 오세요. 대신 따뜻한 마음만 가져오세요.*

가게 앞에는 긴 줄이 생겼다. 배고픈 사람들, 외로운 사람들, 그리고 그들을 돕고 싶은 사람들이 모였다.

누군가 물었다.

"이걸 계속 할 수 있을까요? Forever?"

용진이가 답했다.

"모르겠어요. 하지만 시도는 할 수 있죠. 그게 삶 아닐까요?"

그날 밤, 별이 유난히 밝았다. 편의점 불빛도 따뜻했다. 작은 기적들이 일어나는 곳, 그곳은 단순한 편의점이 아니었다. 희망의 장소였다.

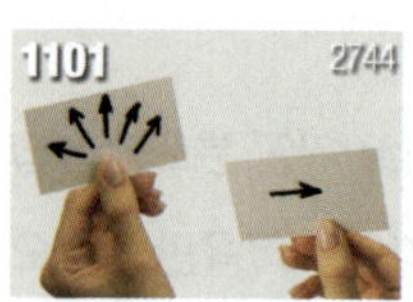

1101 2744

instead [instéd=인스테드]
대신에 (부)

Try this instead. 이것을 ________________ 시도해라.

1102 2743

buddy [bʌ́di=버디]
친구 (명) 동료 (명)

My buddy came over. 나의 ________________ 들렀다.

1103 2701

angel [éindʒəl=에인절]
천사 (명)

You're my angel. 너는 나의 ________________. <생활영어>

1104 2696

mark [maːrk=말ㅋ]
표시하다 (동) 자국 (명)

Mark the spot. 그 지점을 ________________.

1105 2691

patient [péiʃənt=페이션트]
참을성 있는 (형) 환자 (명) <ent: ~하는 사람 (명)>

Be patient. ________________ 되어라.

 1101 대신에 **1102** 친구가/동료가 **1103** 천사이다 **1104** 표시해라 **1105** 참을성 있게

👁영어▶한글 👂한글▶영어 👁한글▶영어

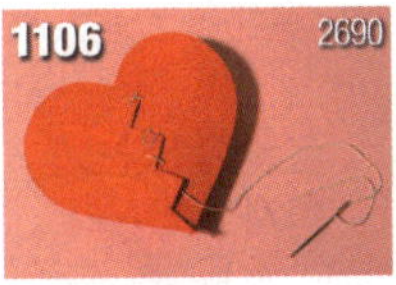
1106
2690

forgive [fərgív=폴깁(ㅂ)]

용서하다[동]

Forgive me. 나를 ____________________.

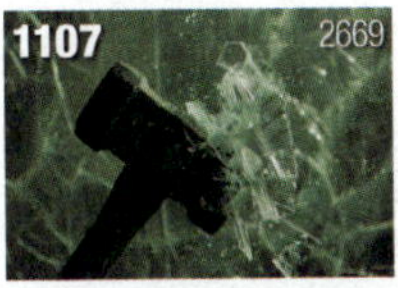
1107
2669

destroy [distrɔ́i=디ㅅㅌ로이]

파괴하다[동] <de=down: 아래로>

Destroy everything. 모든 것을 ____________________.

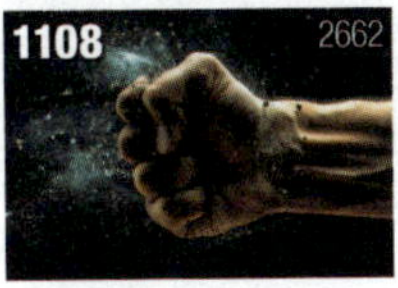
1108
2662

force [fɔːrs=폴ㅅ]

힘[명] 강요하다[동]

Use force. ____________________ 사용해라.

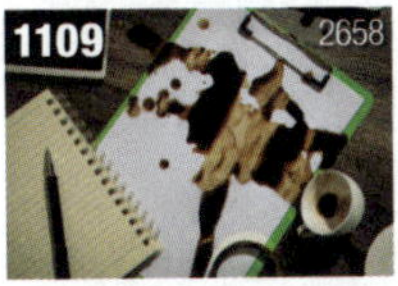
1109
2658

ruin [rúːin=루인]

망치다[동] 폐허[명]

Ruin the moment. 그 순간을 ____________________.

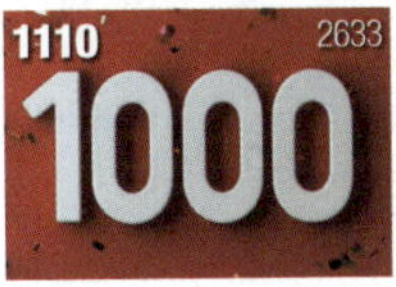
1110
2633
1000

thousand [θáuzənd=따우즌ㄷ]

천인[형] 천[명]

a thousand times 한 ____________________ 번

1106 용서해라 **1107** 파괴해라 **1108** 힘을 **1109** 망쳐라 **1110** 천

instead 1
비 올 때 우산 OOO 입는 비옷.

A 참을성 있는, 환자

buddy 2
함께 놀이터를 뛰어다닌 어린 시절 짝꿍.
⑪ friend 친구

B 천사

angel 3
하늘에서 내려온 날개 달린 수호자.
⑭ devil (높은 계급의) 악마
⑭ demon (낮은 계급의) 악마

C 표시하다

mark 4
기억하기 위해 그은 빨간 밑줄.

D 대신에

patient 5
병원에 누워 치료를 받는 OOO OO 사람.
⑪ tolerant OOO OO
⑭ impatient 조급한

E 친구, 동료

forgive

미움의 짐을 for(완전히) give(주는)
마음의 해방.

[비] pardon (공식적으로) OOOO
[비] excuse (가볍게) OOOO

6

F 파괴하다

destroy

de(아래로) struct(짓다)해서 무너뜨
리는 것.

[반] create 창조하다
[반] build 건설하다

7

G 힘,
강요하다

force

싫어도 하게 만드는 강한 압력.

[비] compel OOOO

8

H 용서하다

ruin

완성된 그림에 실수로 흘린 커피.

[비] destroy 파괴하다
[반] fix 고치다
[반] restore 복구하다

9

I 천인,
천

thousand

백을 열 번 모은 거대한 무리.

10

J 망치다

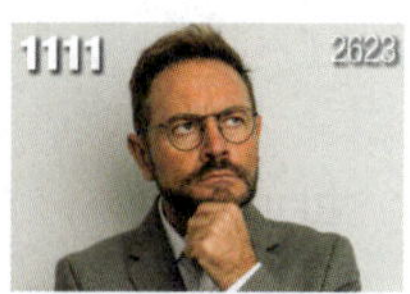

1111   2623

consider [kənsídər=컨씨덜]

고려하다[동] <con: 함께>

Consider this. 이것을 ________________________.

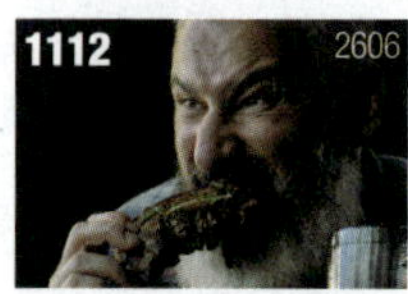

1112   2606

tough [tʌf=터프]

힘든⑲ 거친⑲ 질긴⑲

a tough job 한 ____________ 일

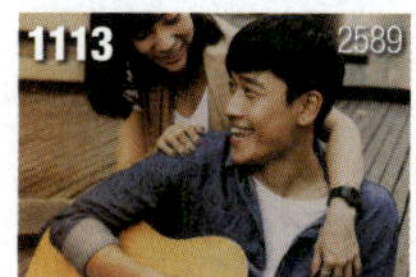

1113   2589

boyfriend [bɔ́ifrènd=보이프뤤드]

(사귀는) 남자친구[명]

Her boyfriend is nice. 그녀의 ________________________ 착하다.

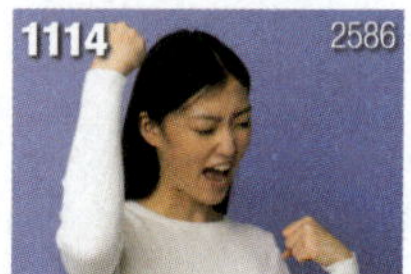

1114   2586

proud [praud=프롸우드]

자랑스러운[형]

I'm proud of you. 나는 네가 ________________________

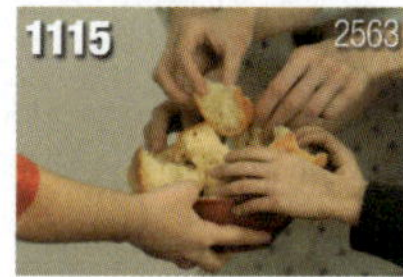

1115   2563

share [ʃɛər=쉐얼]

공유하다[동]

Joey doesn't share food. 조이는 음식을 ____________ 않는다.

👁 영어▶한글 👂 한글▶영어 👁 한글▶영어

1116
2545

warn [wɔːrn=월언]

경고하다[동]

Warn him. 그에게 ____________________.

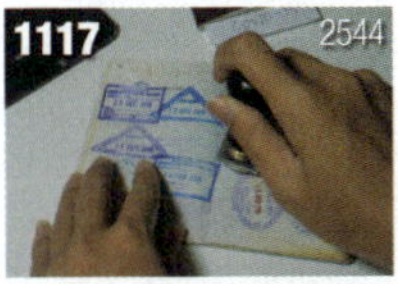
1117
2544

allow [əláu=얼라우]

허락하다[동] <al: ~로>

Cats are allowed. 고양이들이 (여기 있는 게) ____________________. <생활영어>

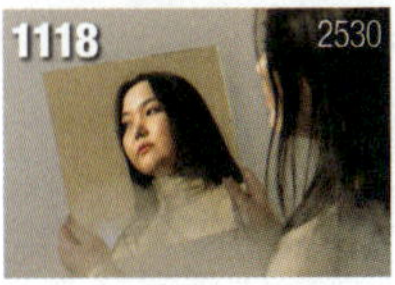
1118
2530

herself [həːrsélf=헐셀프]

그녀 자신을[대]

She hurt herself. 그녀는 ____________________ 아프게 했다.

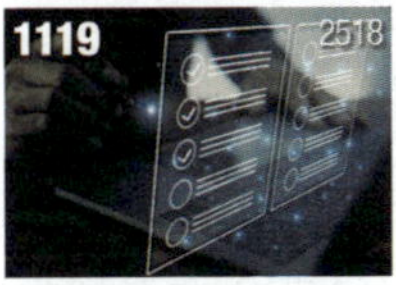
1119
2518

list [list=리스트]

목록[명]

Make a list. 한 ____________________ 만들어라.

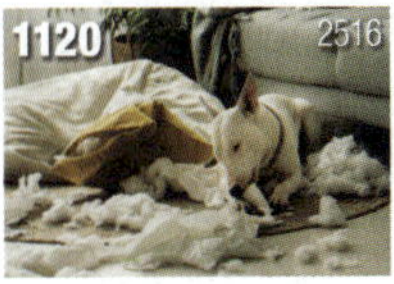
1120
2516

mess [mes=메쓰]

엉망[명]

His room is a mess. 그의 방은 한 ____________________.

1116 경고해라 **1117** 허락된다 **1118** 그녀 자신을 **1119** 목록을 **1120** 엉망이다

consider

결정 전에 저울질하는 신중한 생각. 고대에 con(함께) sidus(별)을 보며 했던 것.

[반] ignore 무시하다

1

A 자랑스러운

tough

포기하고 싶은데 버텨야하는 시련.

[비] difficult 어려운

2

B 남자친구

boyfriend

데이트하는 관계의 로맨틱한 남자.

[반] girlfriend 여자친구

3

C 공유하다

proud

가슴이 부풀어 오르는 뿌듯함.

[반] ashamed 부끄러운
[반] humble 겸손한

4

D 고려하다

share

행복을 두 배로 만들고, 슬픔을 절반으로 만드는 비결.

5

E 힘든, 거친

warn
위험을 알리는 빨간 신호등.
뗴 caution (부드럽게) OOOO

6

F 목록

allow
닫힌 문을 열어주는 초록 신호.
뗴 permit OOOO 뗴 let OOOO
뻔 forbid 금지하다
뻔 prevent 막다

7

G 경고하다

herself
거울 속 여성이 보는 자기 모습.
뻔 himself 그 자신을

8

H 엉망

list
장보기 전에 쓰는 필요한 물건들.
뗴 catalog OO

9

I 허락하다

mess
정리되지 않은 어지러운 책상.

10

J 그녀 자신을

1121 2514

evidence [évidəns=에비던시] [U]

증거⁽명⁾

clear evidence 명확한 ＿＿＿＿＿＿＿＿

1122 2504

cute [kjuːt=큩(ㅌ)]

귀여운⁽형⁾

a cute puppy 한 ＿＿＿＿＿＿＿＿＿ 강아지

1123 2463

hotel [houtél=호우텔]

호텔⁽명⁾

Book a hotel. 한 ＿＿＿＿＿＿＿＿＿ 예약해라.

1124 2440

beat [biːt=비잍(ㅌ)]

때리다⁽동⁾ 이기다⁽동⁾ 박자⁽명⁾

Beat the drum. 그 북을 ＿＿＿＿＿＿＿＿＿.

1125 2420

threat [θret=뜨뤹(ㅌ)]

위협⁽명⁾

a serious threat 한 심각한 ＿＿＿＿＿＿＿＿

neither [níːðər=니이덜]

둘 다 아닌^때^한

Neither is correct. ________________ 맞지 ________________.

respect [rispékt=뤼스펙트]

존경하다^동 존중하다^동 존경^명 <spect: 보다>

Respect your parents. 너의 부모님을 ________________________.

prison [prízn=프뤼즌]

감옥^명

Go to prison. ________________ 에 가라.

attention [əténʃən=어텐션]

주의^명 관심^명

Pay attention. ________________________ 기울여라.

witch [witʃ=위취]

마녀^명

a scary witch 한 무서운 ________________

23b 퍼즐 연상

evidence
범인을 찾는 탐정의 단서.
비 proof OO

1

A 때리다,
이기다

cute
강아지나 아기를 보면 미소가 나
오는 이유.
비 pretty 예쁜

2

B 호텔

hotel
여행자가 하룻밤 묵는 집.

3

C 위협

beat
경쟁에서 상대를 넘어서는 승리.
비 defeat OOO
반 lose 지다

4

D 증거

threat
목에 겨눈 칼날 같은 위험 신호.

5

E 귀여운

neither

이것도 저것도 거부하는 두 개의 No(아니오).

⑪ both 둘 다

6

F 마녀

respect

다름을 인정하는 열린 마음. re(다시) spect(보다)할 정도로 가치 있는 것.

⑪ disrespect 무례, 경멸하다

7

G 둘 다 아닌

prison

죄를 지은 사람이 사는 차가운 방.

⑪ jail 구치소, OO

8

H 감옥

attention

선생님을 바라보는 집중된 눈빛.

어원 at(~로) + tend(뻗다)

9

I 주의, 관심

witch

동화 속에서 저주를 거는 무서운 할머니.

10

J 존경하다, 존경

24a 음악 연상 / 빈칸 해석

영어▶한글

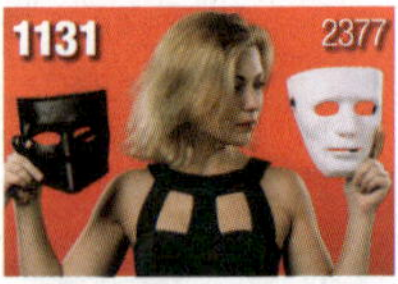

pretend [priténd=프뤼텐ㄷ]

~인 척하다[동] <pre: 미리, 앞에>

Pretend to sleep. 자는 ______________.

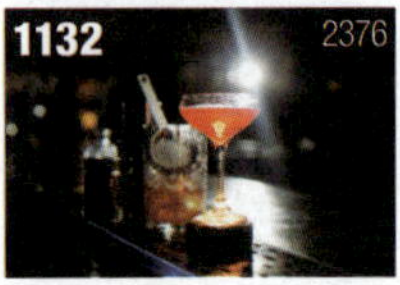

bar [baːr=발]

술집[명] 막대[명]

at a bar 한 ______________에서

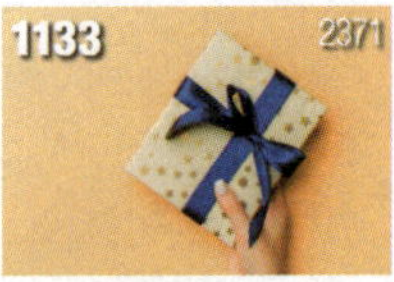

gift [gift=기프ㅌ]

선물[명] 재능[명]

a birthday gift 한 생일 ______________

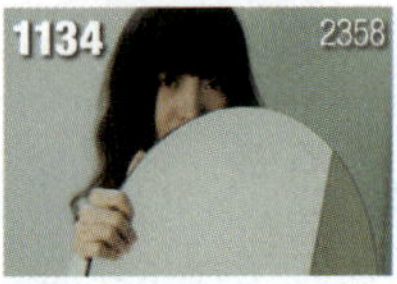

self [self=셀프]

자기 자신[명] 본모습[명]

Know your true self. 너의 진정한 ______________ 알아라.

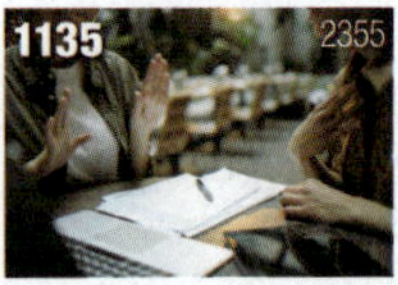

convince [kənvíns=컨빈ㅆ]

설득하다[동]

Convince me. 나를 ______________.

 1131 척해라 **1132** 술집 **1133** 선물 **1134** 본모습을 **1135** 설득해라

👁영어▶한글

👂한글▶영어

👁한글▶영어

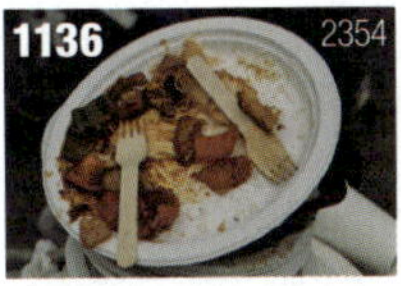

waste [weist=웨이ㅅㅌ]

낭비하다[동] 쓰레기[명]

Don't waste time. 시간을 ______________________ 마라. <생활영어>

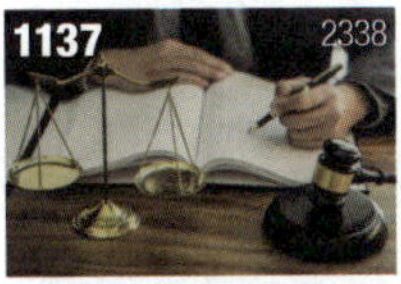

lawyer [lɔ́ːjər=러이열]

변호사[명] <er: ~하는 사람, 물건>

Hire a lawyer. 한 ______________________ 고용해라.

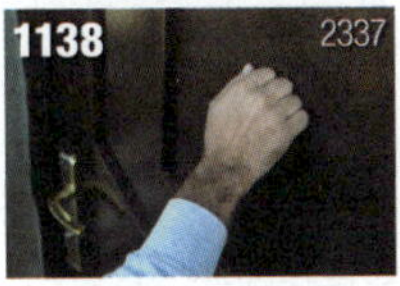

knock [nak=낰(ㅋ)]

노크하다[동]

Knock on the door. 문을 ______________________.

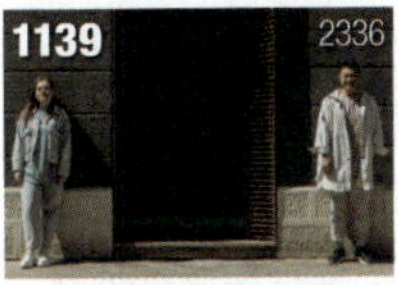

apart [əpάːrt=어팔ㅌ]

떨어져서[부]

apart from the rain 그 비로부터 ______________________ (=비만 제외하면)

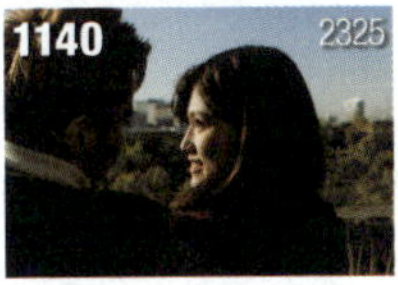

girlfriend [gəːrlfrend=걸프렌ㄷ]

(사귀는) 여자 친구[명]

He has a girlfriend. 그는 한 ______________________ 가진다. <미드천사>

pretend
속마음을 감추고 쓰는 미소 가면.
어원 pre(미리) + tend(뻗다)

1

A 선물,
재능

bar
술을 마시는 어른들의 놀이터.
비 pub (영국) 술집
비 tavern (옛날) 주점

2

B 자기 자신

gift
리본으로 묶은 생일의 깜짝 상자.
비 present 선물

3

C 술집,
막대

self
나를 가리키는 화살표.

4

D 설득하다

convince
No를 Yes로 바꾸는 설명의 마법.
비 persuade OOOO

5

E ~인 척하다

waste
버리는 아까운 음식이나 시간.
回 save 절약하다

6

F 떨어져서

lawyer
법정에서 무죄를 주장하는 말의
전사.

7

G 변호사

knock
문을 두드리는 손가락의 인사.

8

H 여자 친구

apart
찢어진 두조각의 편지.
回 away OOOO

9

I 낭비하다,
쓰레기

girlfriend
손잡고 데이트하는 특별한 여성.
回 boyfriend 남자 친구

10

J 노크하다

whether [wéðər=웨덜]
~인지 아닌지㉚ ~든 아니든㉚

whether you go or not 네가 가든지 안 _______________

private [práivit=프롸이빝(ㅌ)]
사적인㊝

a **private** life 한 _______________ 삶

judge [ʤʌʤ=졋쥐]
판사㊌ 판단하다㊌

Don't **judge** me. 나를 _______________ 마라.

upstairs [ʌ́pstɛərz=엎스테얼지]
위층으로㊞ 위층㊌

Go **upstairs**. _______________ 가라.

worst [wə́ːrst=월스트]
최악인㊝ 최악으로㊞

the **worst** day 그 _______________ 날

station [stéiʃən = 스테이션]

역🅜 방송국🅜

a train station 한 기차 ______________

conversation

[kànvərséiʃən = 컨벌쎄이션] 대화🅜

Have a conversation. 한 ______________ 해라.

attack [ətǽk = 어택(ㅋ)]

공격하다🅥 <at: ~로>

Attack the enemy. 그 적을 ______________.

plane [plein = 플레인]

비행기🅜

on the plane 그 ______________ 에서

lately [léitli = 레일틀리]

최근에🅟

I saw her lately. 나는 ______________ 그녀를 봤다.

whether
갈림길에서 어느 쪽인지 묻는 질문.
또는 어느 쪽이든 상관 없다는 말.
圓 if ~OO OOO (명사절일 때)

1

A 판사,
판단하다

private
남에게 보여주지 않는 각자의 비밀.
圓 public 공개적인

2

B 위층으로,
위층

judge
법정에서 망치를 두드리는 결정 권자.

3

C ~인지 아닌지,
~든 아니든

upstairs
up(위)으로 갈 수 있는 stairs(계단들).
圓 downstairs 아래층

4

D 사적인

worst
0점 받은 시험지의 느낌.
圓 best 가장 좋은

5

E 최악인

station
사람들이 많이 sta(서다)하며 기다리는 곳.
뗸 bus stop 버스 정류장

6

F 비행기

conversation
말을 주고받는 두 사람의 캐치볼.
뗸 talk 얘기하다, OO

7

G 대화

attack
평화를 깨뜨리는 폭력의 주먹.

8

H 최근에

plane
날개를 펴고 하늘을 나는 철 새.
뗸 airplane OOO

9

I 역,
방송국

lately
방금 지나간 따끈따끈한 시간.
뗸 recently 최근에

10

J 공격하다

영어 ▶ 한글

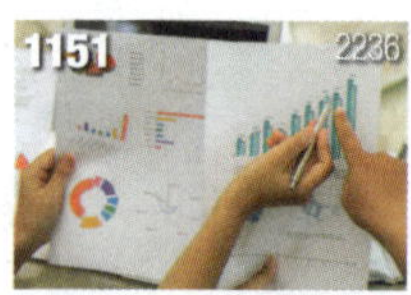

1151 **2236**

report [ripɔ́ːrt=뤼폴트]

보고하다[동] 보고서[명] 보도하다[동] <re: 다시>

Report the news. 그 뉴스를 ___________________.

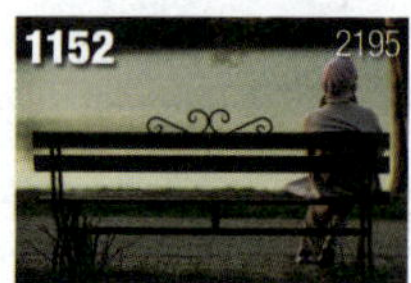

1152 **2195**

single [síŋgl=씽글]

단 하나의[형] 독신의[형]

a single ticket 한 ___________________ 입장권

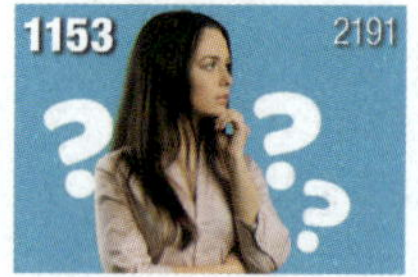

1153 **2191**

doubt [daut=다웉(트)]

의심[명] 의심하다[동]

He'll win, no doubt. ___________________ 없이(=틀림 없이), 그는 이길 거야.

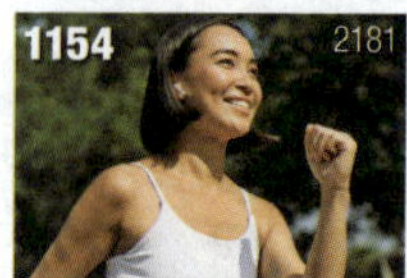

1154 **2181**

healthy [hélθi=헬띠]

건강한[형]

healthy food ___________________ 음식

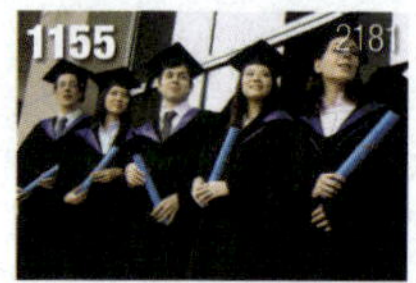

1155 **2181**

major [méidʒər=메이절]

주요한[형] 전공[명] 전공하다[동]

I majored in English. 나는 영어를 ___________________.

1151 보도해라 **1152** 단 하나의 **1153** 의심 **1154** 건강한 **1155** 전공했다

1156　2163　belong [bilɔ́ːŋ=빌렁]

속하다 동

This watch **belongs** to me. 이 시계는 나에게 ＿＿＿＿＿＿＿＿＿. (=내 것이다)

1157　2149　raise [reiz=뤠이즈]

들어올리다 동　키우다 동

Raise your hand. 네 손을 ＿＿＿＿＿＿＿＿＿＿＿＿＿＿.

1158　2139　lord [lɔːrd=롤드]

주인님 명　귀족 명

The **lord** is rich. 그 ＿＿＿＿＿＿＿＿＿＿ 부자다.

1159　2117　captain [kǽptin=캡틴]

선장 명　주장 명

the team **captain** 그 팀의 ＿＿＿＿＿＿＿＿

1160　2096　manage [mǽnidʒ=매니쥐]

관리하다 동

Manage a team. 한 팀을 ＿＿＿＿＿＿＿＿＿＿＿＿＿.

report
조사한 내용을 정리한 서류 뭉치.
어원 re(다시) + port(나르다)

1

A 의심,
의심하다

single
짝 없이 혼자 사는 삶.

2

B 보고하다,
보고서

doubt
믿음에 금이 간 불안한 물음표.
비 question 0000, 질문하다
반 trust 신뢰하다

3

C 단 하나의,
독신의

healthy
병 없이 튼튼한 몸의 청신호
비 health 건강 (명사)
반 unhealthy 건강하지 않은

4

D 주요한

major
큰 비중을 차지하는 주인공. 또는
대학교에서 깊게 공부하는 전문
분야.
반 minor 사소한

5

E 건강한

belong 6
구성원이 되는 것.

F 주인님,
귀족

raise 7
손을 〇〇〇〇서 선생님께 대답하는
신호 또는 부모가 아이를 〇〇〇 것.

G 속하다

lord 8
땅과 사람을 지배하는 권력의 〇〇.
[비] master 〇〇
[반] servant 하인
[반] slave 노예

H 들어올리다,
키우다

captain 9
배를 이끄는 바다의 지휘관.
[비] commander 사령관
[비] chief 대장

I 관리하다

manage 10
회사를 운영하는 사장의 손길.
[비] handle 다루다
[비] control 통제하다

J 선장,
주장

bathroom [bǽθruːm=배뜨룸]
욕실명 화장실명

Use the bathroom. 그 ＿＿＿＿＿＿＿＿＿ 사용해라.

willing [wíliŋ=윌링]
기꺼이 하는형

I'm willing to help. 나는 ＿＿＿＿＿＿＿＿＿ 도울게.

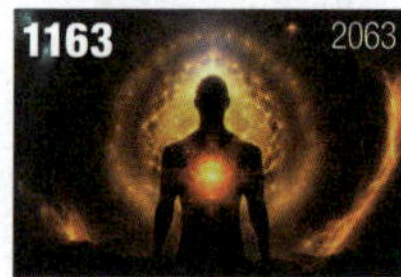

soul [soul=쏘울]
영혼명

a pure soul 한 순수한 ＿＿＿＿＿

joke [ʤouk=죠욱(ㅋ)]
농담명

Tell a joke. 한 ＿＿＿＿＿＿＿＿＿ 말해라.

magic [mǽʤik=매쥑(ㅋ)]
마법명 마술의형

Say the magic word. ＿＿＿＿＿ 단어(=please)를 말해라. <생활영어>

public [pʌ́blik=퍼블릭]

공공의^형

공공의^형 — 공공의

a public space 한 ＿＿＿＿＿＿＿＿＿ 장소

island [áilənd=아일런드]

섬^명

a desert island 한 무인＿＿＿＿＿＿＿

cell [sel=쎌]

감방^명 세포^명 전지^명

in a prison cell 한 ＿＿＿＿＿＿＿ 안에서

advice [ədváis=어드바이시] [U]

조언^명 <ad: ~로>

I need your advice. 나는 너의 ＿＿＿＿＿＿＿＿＿ 필요하다.

somehow [sʌ́mhau=썸하우]

어쩐지^부 어떻게든^부

Somehow I knew. ＿＿＿＿＿＿＿ 나는 알았다.

bathroom
씻고 볼일 보는 위생 공간.
㈎ restroom ○○○
㈎ toilet 변기, ○○○

1

A 농담

willing
하고 싶어서 하는 즐거운 의지.

2

B 영혼

soul
몸 안에 있는 보이지 않는 나의 본체.
㈎ spirit ○○
㈐ body 육체

3

C 마법,
마술의

joke
분위기를 밝게 하는 말의 간지럼.

4

D 욕실

magic
해리포터가 지팡이로 부리는 주문.

5

E 기꺼이 하는

public
모두를 위한 열린 공간.
🖭 private 사적인
🖭 personal 개인의

6

F 조언

island
물에 둘러싸인 외로운 땅 덩어리.

7

G 어쩐지,
어떻게든

cell
칸칸이 나눠진 무엇.

8

H 공공의

advice
경험자가 주는 지혜의 선물.
🖭 counsel (전문적인) OO

9

I 섬

somehow
방법은 모르지만 해내는 의지.

10

J 감방,
세포

boss [bɔːs=버ː스]
상사(회사의 윗사람)^몡

You're the boss. 당신이 그 ______________(=책임자)이다. <생활영어>

grandmother
[grǽndmʌðər=ㄱ랜ㄷ머덜] 할머니^몡

My grandmother cooks. 나의 ______________ 요리를 하신다.

hire [háiər=하이얼]
고용하다^동

Hire a worker. 한 직원을 ______________.

innocent [ínəsnt=이너쓴티]
무죄의^형 순수한^형 <in: 아니다, 안에>

an innocent child 한 ______________ 아이

risk [risk=뤼스(ㅋ)]
위험^몡

Take a risk. 한 ______________ 감수해라.

1176 1945

officer [ɔ́fisər=어피썰]

경찰관⒨ 공무원⒨ <er: ~하는 사람, 물건>

a police officer 한 경찰 ___________________________

1177 1942

support [səpɔ́ːrt=써폴트]

지지하다⒟ 부양하다⒟ <sup=sub: 아래에>

I support my family. 나는 나의 가족들을 ___________________. <생활영어>

1178 1930

nervous [nɔ́ːrvəs=널버스]

긴장한⒠

I feel nervous. 나는 ___________________ 느낀다.

1179 1930

seat [siːt=씨잍(트)]

좌석⒨

Take a seat. 한 ___________________ 가져라(=앉아라).

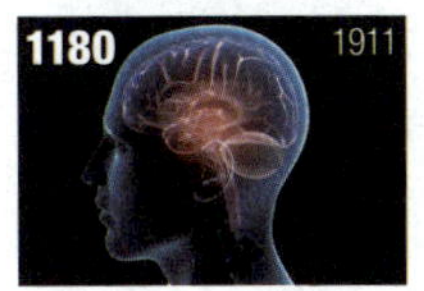

1180 1911

brain [brein=브뤠인]

뇌⒨

I don't have a brain. 나는 한 ___________________ 가지지 않는다. <영화영작>

1176 공무원 **1177** 부양한다 **1178** 긴장하게/긴장했다고/긴장을 **1179** 좌석을 **1180** 뇌를　139

boss
월급을 주는 회사의 왕.
비 manager 관리자
반 employee 직원

1

A 할머니

grandmother
엄마의 엄마인 사랑의 큰 나무.
반 grandfather 할아버지

2

B 고용하다

hire
일할 사람을 뽑아 월급 주기로 약속하는 것.
비 employ OOOO
반 fire 해고하다 반 dismiss 해고하다

3

C 위험

innocent
나쁜 일을 하지 않은 깨끗한 양심.
어원 in(아니다) + nocent(해를 끼치다)
반 guilty 유죄의

4

D 상사

risk
브레이크 없는 자전거를 타는 것.
비 danger OO
비 risky 위험한 (형용사)

5

E 무죄의,
순수한

officer
제복 입고 거리를 지키는 치안의 파수꾼.

6

F 지지하다

support
sup(=sub,아래에) 기둥을 port(나르다) 해서 넘어지지 않게 받쳐주는 것.

7

G 경찰관, 공무원

nervous
중요한 시험 전 떨리는 손과 빠른 심장.

8

⑪ **nerve** 신경 (명사)
⑪ **anxious** 불안한

H 뇌

seat
엉덩이를 대고 앉는 자리.

9

⑪ **chair** 의자

I 긴장한

brain
생각을 만드는 머릿속 컴퓨터.

10

J 좌석

29ᵃ 음악 연상 / 빈칸 해석

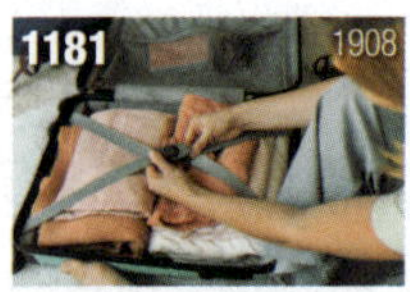

1181 1908

pack [pæk=팩(ㅋ)]

(짐을) 싸다 동

Pack your bag. 네 가방을 ______________.

1182 1907

general [ʤénərəl=제너럴]

일반적인 형 장군 명

a general idea 한 ______________ 생각

1183 1904

huge [hjuːʤ=휴쥐]

거대한 형

a huge mistake 한 ______________ 실수

1184 1885

quit [kwit=쿠잍(ㅌ)]

그만두다 동

I quit smoking. 나는 담배피는 것을 ______________. <생활영어>

1185 1885

system [sístəm=씨ㅅ텀]

체계 명

the school system 그 학교 ______________

1186 1867

chief [tʃiːf=취이프]

우두머리⁽명⁾ 주요한⁽형⁾

the fire chief 그 소방 ________________

1187 1865

faith [feiθ=페이따]

(종교적) 믿음⁽명⁾

Keep the faith. 그 ________________ 지켜라.

1188 1837

guest [gest=게스트]

손님⁽명⁾

Be my guest. 나의 ________________ 되어라(=내가 낼게요). <생활영어>

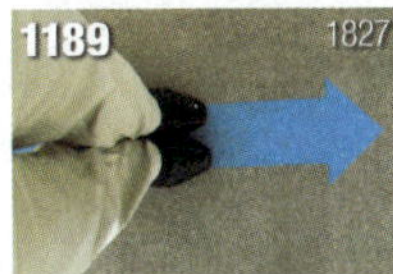

1189 1827

forward [fɔːrwərd=폴월드]

앞쪽으로⁽부⁾ <ward: 쪽으로>

Move forward. ________________ 나아가라.

1190 1813

spell [spel=스펠]

철자를 말하다⁽동⁾

Spell your name. 네 이름의 ________________.

29b ● 퍼즐 연상

pack
여행 가방에 옷을 넣는 준비.

1

A 그만두다

general
특별하지 않은 보통의 평균. 또는
군대를 이끄는 별 많은 지휘관.
[비] common 흔한
[반] specific 특정한

2

B 거대한

huge
코끼리처럼 엄청나게 큰 크기
[비] enormous ooo
[반] tiny 아주 작은 [반] small 작은

3

C 체계

quit
더 이상 하지 않겠다는 포기의 선
언. 과거형도 quit을 쓴다.
[비] stop 멈추다
[반] continue 계속하다

4

D 일반적인,
장군

system
톱니바퀴처럼 맞물려 돌아가는
구조.

5

E 짐을 싸다

chief

소방서나 경찰서의 높은 사람.
ⓑ leader 0000
ⓑ head ~장, 머리

6

F 우두머리,
주요한

faith

증거 없이도 확신하는 영혼의 나
침반.
ⓑ belief (광범위한) OO

7

G 손님

guest

초대받아 온 반가운 방문자.
ⓑ visitor 방문객
ⓑ host 주인

8

H (종교적) 믿음

forward

온세상 어린이를 다 만나고 오려
면 fore(앞) ward(쪽으로) 가야 한다.
ⓑ backward 뒤로

9

I 철자를 말하다

spell

B(비)-O(오)-O(오)-K(케이)처럼 글
자를 풀어서 말하는 분해.

10

J 앞쪽으로

30a 음악 연상 / 빈칸 해석

영어 ▶ 한글

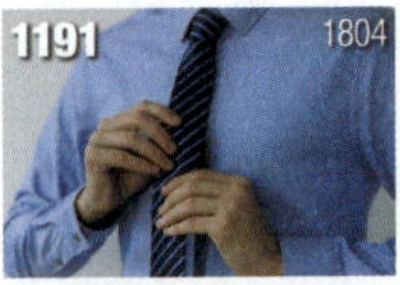

tie [tai=타이]

묶다[동] 넥타이[명]

Your tie is too loud. 너의 ______________ 너무 화려하다. <생활영어>

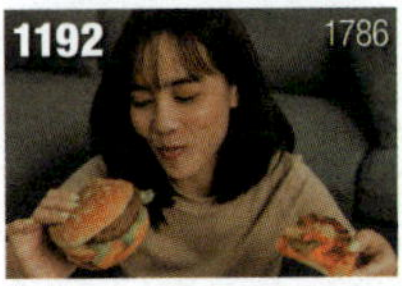

hungry [hʌ́ŋgri=헝ㄱ뤼]

배고픈[형]

I'm always hungry. 나는 항상 ______________. <영화영작>

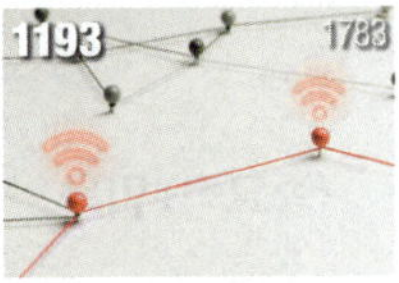

connection [kənékʃən=커넥션]

연결[명]

internet connection 인터넷 ______________

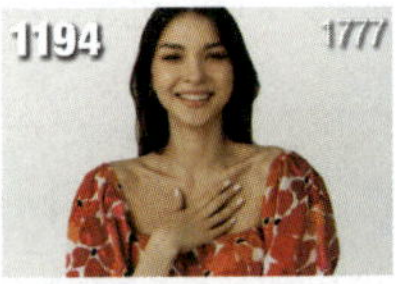

ma'am [mæm=맴]

부인[명]

Yes, ma'am. 네, ______________.

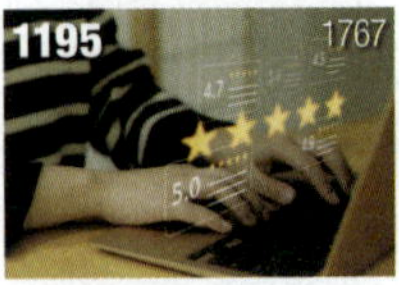

experience

[ikspíəriəns=익ㅅ피어뤼언ㅅ] 경험[명]

He has experience in teaching. 그는 가르치는 데에 ______________ 가진다.

 1191 넥타이는/넥타이가 **1192** 배고프다 **1193** 연결 **1194** 부인 **1195** 경험을

1196   1762

price [prais=프롸이스]

가격 명

a high price 한 높은 _______________.

1197   1761

settle [sétl=쎄틀]

해결하다 동 정착하다 동

Settle the problem. 그 문제를 _______________.

1198   1758

others [ʌ́ðərz=어덜즈]

다른 사람들 명 다른 것들 명

Help others. _______________ 도와라.

1199   1757

grab [græb=그랩]

움켜잡다 동

Grab the chance. 그 기회를 _______________.

1200   1737

fifty [fífːti=피프티]

오십인 형 오십 명

fifty apples _______________ 사과들

tie
목에 매는 정장의 리본.
🔵 bind 묶다
🔴 untie 풀다

1

A 부인

hungry
밥 먹을 시간을 알리는 꼬르륵 소리.
🔵 hunger 배고픔 (명사)
🔵 starving 굶주린

2

B 연결

connection
끊어진 것을 이어주는 다리.
🔵 link OO
🔴 separation 분리

3

C 경험

ma'am
숙녀에게 쓰는 정중한 호칭.
madam의 줄임말.

4

D 묶다,
넥타이

experience
직접 겪어서 아는 삶의 수업.

5

E 배고픈

price

무언가를 얻기 위해 치르는 대가.

⊞ cost 비용
⊞ fee 요금

6

F 움켜잡다

settle

사람이 자리를 잡거나, 문제 상황
이 자리를 잡으면 문제가 OOOO.

7

G 가격

others

나와 우리가 아닌 저쪽 사람들.

8

H 오십인,
오십

grab

놓치지 않으려는 손의 움직임.

⊞ seize 붙잡다

9

I 해결하다,
정착하다

fifty

백의 절반인 중간 숫자.

10

J 다른 사람들,
다른 것들

유능한 lawyer 박지훈은 모든 사건에서 이기는 것으로 유명했다. 어느 날, 그의 사무실에 이상한 guest가 찾아왔다. 하얀 옷을 입은 여자였다.

"안녕하세요, 저는 angel이에요."

"뭐라고요? 정신 병원에서 나오셨나요?"

"아니요. 진짜 천사예요. 당신의 soul을 사러 왔어요."

지훈이 웃었다.

"Joke하지 마세요. 저는 바쁜 사람이에요."

"당신이 지금까지 변호한 사람 중 절반이 사실은 유죄였어요. 그들이 다시 범죄를 저질렀고요."

천사가 list를 꺼냈다. Thousand 명이 넘는 이름이 적혀 있었다.

"이들은 당신이 풀어준 범죄자들의 피해자예요."

지훈이 당황했다.

"그건 제 잘못이 아니에요. 저는 lawyer로서..."

"변명은 필요 없어요. Instead 거래를 하나 제안할게요."

천사의 제안은 간단했다. 앞으로 한 달 동안 innocent한 사람만 변호하면, 과거를 forgive하겠다는 것이었다.

"만약 한 명이라도 유죄인 사람을 변호하면, 당신의 soul은 제 것이에요."

"그런 magic이 어디 있어요?"

"내기하시겠어요?"

지훈은 자신 있었다. 그는 똑똑했고, 사람을 judge하는 능력이 뛰어났다.

"좋아요. 받아들이겠습니다."

다음 날, 첫 번째 고객이 왔다. 젊은 여자였다. 그녀는 boyfriend를 살해한 혐의로 기소됐다.

"저는 innocent해요. 그가 먼저 attack했어요."

지훈은 evidence를 살펴봤다. 완벽한 정당방위 케이스였다. 하지만 뭔가 이상했다.

"잠깐, 당신의 전화 기록을 보니 그날 다른 남자와 hotel에 있었네요?"

여자가 당황했다.

"그건…"

"당신이 먼저 계획한 거죠? 바람피우다 들켜서 싸움이 났고?"

여자가 울면서 고백했다. 그녀가 유죄였다. 지훈은 사건을 거절했다.

두 번째 고객은 큰 회사의 chief였다. 횡령 혐의였다.

"저는 억울해요. 부하 직원이 저를 모함한 거예요."

지훈이 자료를 파헤쳤다. 놀랍게도 정말 innocent했다. 부하 직원이 자신의 죄를 boss에게 덮어씌운 것이었다.

"걱정 마세요. 제가 보호하겠습니다."

재판에서 지훈은 완벽하게 그의 무죄를 입증했다. 진짜 범인인 부하 직원이 체포됐다.

2주 동안 지훈은 신중하게 고객을 선택했고, 모두 innocent한 사람들이었다.

어느 날, 한 grandmother가 찾아왔다.

"제 손자가 prison에 있어요. 절도 혐의인데, 그 아이는 그럴 아이가 아니에요."

"Evidence가 있나요?"

"없어요. 하지만 저는 믿어요. 그 아이의 soul은 순수해요."

지훈이 조사를 시작했다. 손자는 과거에도 여러 번 절도로 체포된 적이 있었다. 이번에도 유죄일 확률이 높았다.

"죄송하지만 도와드릴 수 없습니다."

할머니가 울었다.

"제발요. 그 아이는 제가 가진 전부예요. 남편도 죽고, 아들도 사고로..."

지훈의 마음이 흔들렸다. 하지만 risk를 감수할 수 없었다.

그날 밤, 지훈은 꿈을 꿨다. 자신이 prison에 있는 꿈이었다. 아무도 그를 믿어주지 않았다.

"나는 innocent해!"

소리를 질렀지만 아무도 듣지 않았다.

깨어난 지훈은 고민했다. 그리고 결심했다. 할머니의 손자를 만나러 갔다.

감옥에서 만난 청년은 nervous했다.

"변호사님, 저는 정말 안 했어요. 이번엔 진짜예요."

"과거에는?"

"유죄였어요. 인정해요. 하지만 grandmother 때문에 변하려고 했어요."

지훈은 청년의 눈을 봤다. 거짓말하는 눈이 아니었다.

"알겠습니다. 당신을 변호하겠습니다."

조사를 시작하자 놀라운 사실이 밝혀졌다. 진짜 범인은 경찰 officer였다. 그는 청년의 과거를 이용해 죄를 덮어씌운 것이었다.

재판에서 지훈은 완벽하게 싸웠다. Officer의 거짓을 모두 밝혀냈다. 청년은 무죄를 선고받았다.

할머니가 울며 감사했다.

"당신은 우리 가족의 angel이에요."

그때 처음 만났던 천사가 나타났다.

"축하해요. 당신은 성공했어요."

"하지만 아직 2주 남았는데…"

"아니에요. 이미 끝났어요."

천사가 설명했다. 사실 그녀는 진짜 천사가 아니었다. 지훈의 돌아가신 grandmother의 영혼이었다.

"뭐라고요?"

"나는 네가 어렸을 때 죽었지. 하지만 네가 잘못된 길로 가는 걸 봤어. 그래서 특별한 허가를 받아 왔어."

지훈이 충격을 받았다.

"할머니?"

"네가 나쁜 사람을 변호하며 살아가는 게 마음 아팠어. 네 soul이 병들어가고 있었어."

"그럼 이 모든 게..."

"시험이었어. 네가 아직 양심이 있는지. 그리고 증명했잖아. 너는 여전히 좋은 사람이라는 걸."

할머니가 사라지기 시작했다.

"이제 가야 해. 하지만 기억해. 모든 사람은 두 번째 기회를 deserve해. 너처럼."

지훈은 눈물을 흘렸다.

그 후 그의 삶은 완전히 바뀌었다. Huge 로펌을 quit하고 작은 사무실을 열었다. 돈이 없어 lawyer를 못 구하는 사람들을 위해 일했다.

지훈의 명함에는 이렇게 쓰여 있었다: **두 번째 기회를 위한 법률사무소 - 당신의 과거가 아닌 미래를 변호합니다.**

작은 사무실이었지만, 그곳은 희망으로 가득했다. 함부로 judge하지 않고, 서로 respect하며 support하는 곳이었다.

누군가 물었다.

"돈도 안 되는데 왜 하세요?"

지훈이 웃었다.

"Price로 살 수 없는 것들이 있어요. 예를 들어, 평화로운 잠 같은 거요."

그날 밤, 지훈은 오랜만에 편안하게 잠들었다. 꿈속에서 할머니가 웃고 있었다.

"잘했어, 내 손자. 이제 너도 누군가의 angel이 될 수 있어."

지훈도 웃었다. 처음으로 진정한 lawyer가 된 것 같았다. 법이 아니라 정의를 위해, system이 아니라 사람을 위해 싸우는.

agent [éidʒənt=에이젼트]

대리인⁽ᵐ⁾ 요원⁽ᵐ⁾ <ent: ~하는 사람, ~하는 것>

a travel agent 한 여행사 __________________.

bunch [bʌntʃ=번취]

다발⁽ᵐ⁾ 무리⁽ᵐ⁾

a bunch of flowers 한 __________________의 꽃들

buck [bʌk=벅]

달러⁽ᵐ⁾

It's five bucks. 그것은 5 __________________.

scene [siːn=씨인]

장면⁽ᵐ⁾

a movie scene 한 영화 __________________.

peace [piːs=피이스]

평화⁽ᵐ⁾

world peace 세계 __________________.

1201 대리인 **1202** 다발 **1203** 달러(들)이다 **1204** 장면 **1205** 평화

👁영어▶한글 👂한글▶영어 👁한글▶영어

1206 1690
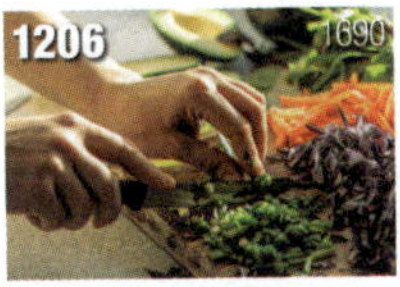

prepare [pripέər=프리페얼]

준비하다[동] <pre: 미리, 앞에>

I was prepared to die. 나는 죽을 ______________. <영화영작>

1207 1687
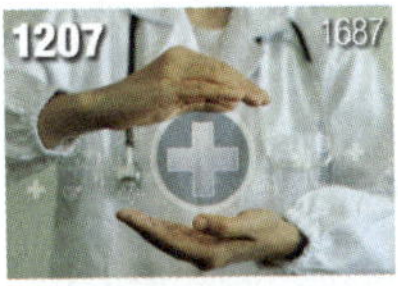

medical [médikəl=메디컬]

의학의[형]

a medical school 한 ______________ 대학교.

1208 1664
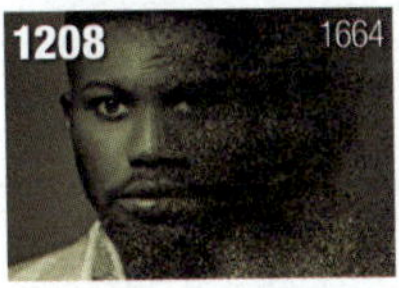

disappear [dìsəpíər=디써피얼]

사라지다[동] <dis: 아니다>

suddenly disappear 갑자기 ______________

1209 1651
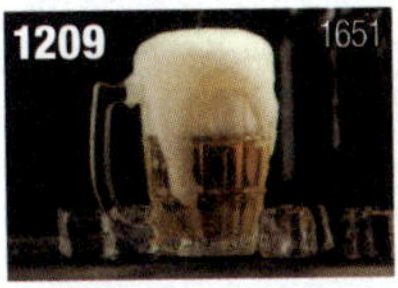

beer [biər=비얼]

맥주[명]

Drink beer. ______________ 마셔라.

1210 1643
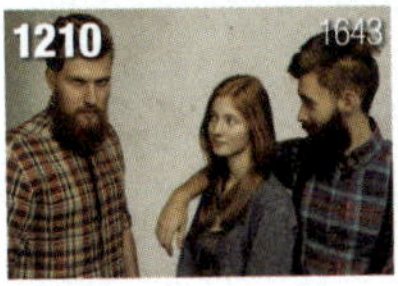

jealous [ʤéləs=젤러스]

질투하는[형]

You're jealous. 너는 ______________. <영화영작>

1206 준비가 되었다 **1207** 의학(의) **1208** 사라지다 **1209** 맥주를 **1210** 질투한다

31b 퍼즐 연상

agent
비밀 임무를 수행하는 스파이.
間 representative OOO
間 spy OO

1

A 달러

bunch
꽃을 한데 묶은 것.

2

B 장면

buck
미국 dollar(달러)를 편하게 일컫는 말.

3

C 다발, 무리

scene
영화의 한 컷처럼 잘라낸 순간.

4

D 평화

peace
전쟁이 없는 평온한 세상.
間 peaceful 평화로운 (형용사)

5

E 대리인, 요원

prepare 6
요리하기 전의 재료 손질. 여행 전의 짐 싸기.
비 ready 준비된

F 사라지다

medical 7
의사가 공부하는 건강에 대한 것.

G 준비하다

disappear 8
눈 깜짝할 사이 보이지 않게 되는 것. appear(나타나다)를 dis(아니다) 하는 것.

H 질투하는

beer 9
거품이 부글거리는 어른들의 황금색 음료.

I 의학의

jealous 10
연인이 다른 사람과 있을 때 느끼는 불안.
비 envious 부러워하는
반 generous 관대한

J 맥주

extra [ékstra=엑스트롸]

추가의⁽형⁾ <ex: 밖으로>

extra time ________________ 시간.

plenty [plénti=플렌티]

풍부함⁽명⁾

plenty of food 음식의 ________________,

tea [tiː=티이]

(마시는) 차⁽명⁾

It's time for tea. ________________ 를 위한(=마실) 시간이다. <앨리스 영화영어>

whose [huːz=후즈]

누구의⁽형⁾

Whose dress is that? 저것은 ________________ 드레스인가? <영화영작>

beg [beg=벡(ㄱ)]

빌다⁽동⁾

I beg your pardon. (잘못 들어서) 나는 당신에게 용서를 ________________.

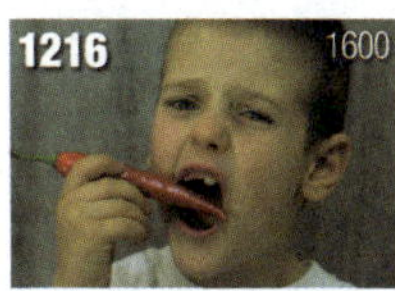

impossible [impásəbl=임파써블]

불가능한^형 <ible:~할 수 있는>

That's impossible. 저것은 ___________________________.

machine [məʃíːn=머쉬인]

기계^명

a washing machine 한 세탁 _________________ (=세탁기)

dump [dʌmp=덤프]

버리다^동

He dumped me. 그는 나를 _________________.

complete [kəmplíːt=컴플리잍(트)]

완성하다^동 <com: 함께>

You complete me. 당신은 나를 _____________________. <영화영작>

career [kəríər=커뤼얼]

직업^명 경력^명

a career plan 한 _____________ 계획

32b 퍼즐 연상

extra 1
원래 먹던 햄버거에 패티 한장이 더 얹어진 것. 평소 사용하는 것들 외에 ex(밖으로)에 있는 것.
🖽 additional 추가의

A 누구의

plenty 2
걱정 없이 쓸 수 있는 넉넉함.

B 빌다

tea 3
뜨거운 물에 나뭇잎을 우려낸 음료.

C 추가의

whose 4
소유자를 가리키는 손가락.

D 풍부한

beg 5
무릎 꿇고 비는 간절한 부탁.

E 차

impossible

아무리 노력해도 넘을 수 없는 벽.

⑪ possible 가능한

6

F 완성하다

machine

톱니바퀴가 맞물려 움직이는 금속 노동자.

⑪ device 장치

7

G 불가능한

dump

쓸모없어진 것들의 마지막 경험.

8

H 직업, 경력

complete

마지막 점을 찍은 그림.

㉖ com(함께) + plete(채우다)
⑪ finish 끝내다
⑪ incomplete 불완전한

9

I 기계

career

한 계단씩 올라가는 직장의 사다리.

⑪ job 일, ○○
⑪ occupation ○○

10

J 버리다

영어 ▶ 한글

suit [suːt=쑽(트)]

정장[명] 어울리다[동] 어울리게 하다[동]

Suit yourself. 당신에게 ________________ (=원하는대로 해라). <생활영어>

rush [rʌʃ=뤄쉬]

서두르다[동]

Rush to school. 학교로 ________________________.

fit [fit=핕(트)]

딱 맞다[동] 건강한[형]

It doesn't fit me. 그것은 나에게 ________________ 않다. <유럽여행>

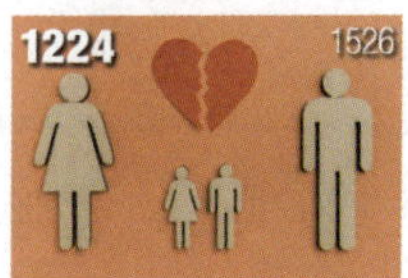

divorce [divɔ́ːrs=디볼시]

이혼[명] 이혼하다[동]

Divorce can be very difficult. ________________ 매우 어려울 수 있다.

ourselves [auərsélvz=아월쎌ㅂ지]

우리 자신을[대]

We fought ourselves. 우리는 ________________ 싸웠다. <영화영작>

 1221 어울리게 해라 **1222** 서둘러(가)라 **1223** 딱 맞지 **1224** 이혼은 **1225** 우리 자신과

👁영어▶한글 👂한글▶영어 👁한글▶영어

1226
1520

although [ɔːlðóu=얼도우]

비록 ~지만[접]

Although it's hard ______________ 그것이 힘들______________

1227
1515

laugh [læf=래프]

웃다[동]

Don't laugh at me. 나를 향해 ______________ 마라.

1228
1512

fear [fiər=피얼]

두려움[명]

Face your fear. 너의 ______________ 맞서라.

1229
1511

weapon [wépən=웨펀]

무기[명]

Put your weapons down. 너의 ______________ 내려놔라. <영화영작>

1230
1507

fantastic [fæntǽstik=팬태ㅅ틱(ㅋ)]

환상적인[형]

The movie was fantastic. 그 영화는 ______________. <생활영어>

33b 퍼즐 연상

suit 회사원이 입는 넥타이와 자켓.	**1**	**A** 우리 자신을
rush 신호등이 바뀌기 전에 뛰어가는 다급함. 📵 hurry 0000	**2**	**B** 딱맞다, 건강한
fit 헬스장에서 만든 탄탄한 몸.	**3**	**C** 이혼, 이혼하다
divorce 하나였던 가족이 둘로 나뉘는 서류. 📵 marriage 결혼	**4**	**D** 정장, 어울리다
ourselves 거울에 비친 우리들의 모습 📵 themselves 그들 자신을	**5**	**E** 서두르다

although

비가 와도 소풍 가는 의지. 역경에
도 불구하고 이어지는 희망의 다리.

া though OO ~OO

6

F 두려움

laugh

입꼬리가 귀에 걸리는 행복의 표현.

7

G 비록 ~지만

fear

심장을 빠르게 뛰게 하는 위험 신호.

া courage 용기

8

H 환상적인

weapon

적을 해치려고 만든 위험한 도구.

া arm OO, 팔

9

I 웃다

fantastic

꿈에서나 볼 법한 놀라운 광경.

া wonderful 훌륭한
া amazing 놀라운

10

J 무기

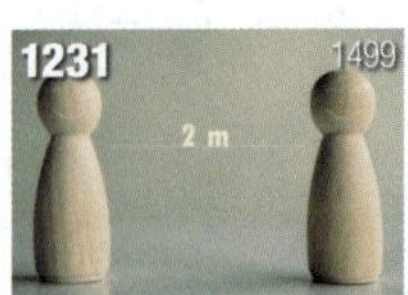

otherwise [ˌʌðərwàiz=어덜와이즈]

그렇지 않으면[부] <wise: 방식>

Do it now, otherwise... 지금 해라, _______________________...

pop [pap=팦]

터지다[동] 대중적인[형]

pop music _______________ 음악

flight [flait=플라잍(ㅌ)]

비행[명] 항공편[명]

I missed my flight. 나는 나의 _____________ 놓쳤다. <유럽여행>

remind [rimáind=뤼마인드]

상기시키다(=생각나게 하다)[동] <re: 다시>

That reminds me. 저것은 나를 _____________________. <생활영어>

dare [dɛər=데얼]

과감히 ~하다[동]

Dream big and dare to fail. 크게 꿈꾸고 _____________ 실패해라.

1236 1441

princess [prínses=프륀쎄시]

공주명 <ess: 여성>

I'm a princess. 나는 한 ___________________________. <미드천사>

1237 1439

silly [síli=씰리]

바보 같은형

Don't be silly. ___________________ 굴지 마라. <생활영어>

1238 1436

contact [kántækt=칸택트]

연락하다동 연락명 접촉명 <con: 함께>

Contact me later. 나중에 나에게 ___________________.

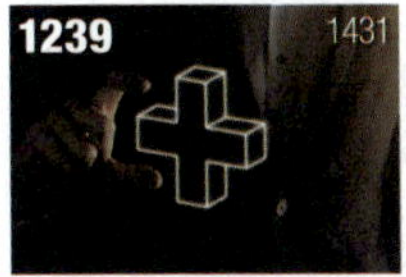

1239 1431

plus [plʌs=플러시]

더하기명 게다가부

two plus two 둘 ___________________ 둘

1240 1427

term [təːrm=텀]

용어명 기간명

a school term 한 학교 _______________ (=학기)

34b 퍼즐 연상

otherwise — 1
조건을 지키지 않으면 생기는 결과.

A 터지다, 대중적인

pop — 2
풍선이 부풀어 폭발하는 소리에서 유래한 의성어. 또는 popular(OOOO)의 줄임말.

B 그렇지 않으면

flight — 3
땅에 붙어 있던 것이 땅을 버리는 순간.
᠍ fly 날다 (명사)

C 과감히 ~하다

remind — 4
re(다시) mind(마음)에 떠올리는 것.

D 비행, 항공편

dare — 5
무서워도 용기 내어 시도하는 모험.

E 상기시키다

princess

동화 속 왕자가 구하러 오는 아름다운 여인.

빤 prince 왕자

6

F 용어,
기간

silly

일부러 웃기려고 하는 어릿광대.

silly < foolish < stupid (더 강한 뜻)
빤 wise 현명한

7

G 공주

contact

전화나 문자로 소식을 전하는 것.
또는 신체가 닿는 것.

비 touch 닿다, (연락이) 닿다

8

H 연락하다

plus

합치는 수학 기호.

비 addition 더하기
비 extra 추가
빤 minus 빼기

9

I 더하기,
게다가

term

전문가들이 쓰는 특별한 단어. 또는 정해진 시작과 끝.

비 period (유연한) OO

10

J 바보 같은

roll [roul=로울]
굴리다 동

Roll the ball. 그 공을 ____________________.

dirty [dɔ́ːrti=덜티]
더러운 형

My bed is dirty. 나의 침대가 ____________________. <유럽여행>

reach [riːʧ=뤼취]
도달하다 동

Reach the top. 그 정상에 ____________________.

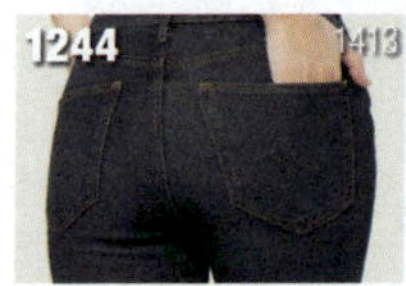

butt [bʌt=벝]
엉덩이 명

Sit your butt down. 너의 ____________________ 아래로 앉아라.

technique [téknik=테크닉]
기술 명 (=technic)

an old technique 한 옛날 ____________________

credit [krédit=크뤠딭]

신용명

I lost my credit card. 나는 나의 ________________ 카드를 잃어버렸다. <유럽여행>

technology [teknάlədʒi=테크날러쥐]

(과학) 기술명 <logy: ~학>

modern technology 현대 ________________.

guard [gɑːrd=갈드]

지키다동 경비명

Guard the door. 그 문을 ________________.

mood [muːd=무드]

기분명 분위기명

in a good mood 한 좋은 ________________ (상태) 안에서

lay [lei=레이]

놓다동

Lay it down. 그것을 아래로 ________________.

roll 1
공이 가장 많이 하는 움직임.

A 엉덩이

dirty 2
비누로 씻어야 하는 지저분한 상태.
비 dirt 먼지, 흙
반 clean 깨끗한

B 도달하다

reach 3
목표 지점에 가는 것.

C 기술

butt 4
의자에 닿는 몸의 쿠션 부분.

D 굴리다

technique 5
전문가만 아는 특별한 방법.

E 더러운

credit
은행이 믿고 빌려주는 신뢰도.
6

F 기분,
분위기

technology
스마트폰처럼 삶을 바꾸는 발명품.
7
어원 tech(기술) + logy(학문)

G 놓다

guard
문 앞에서 지키는 사람.
8

H 신용

mood
자꾸 바뀌는 마음의 날씨.
9

I 지키다,
경비

lay
테이블 위에 접시를 배치하는 준
비. 여러 개를 lay하면 하나하나는
layer(층)이 된다. 또는 lie(눕다)의
과거형(누웠다)로도 쓴다.
10

J (과학) 기술

trick [trik=트뤽(ㅋ)]
속임수⑲ 묘기⑲

a magic trick 한 마술 ___________________

whoever [huːévər=후에벌]
누구든지[대]

whoever wants it 그것을 원하는 ___________________

lock [lɑk=락(ㅋ)]
잠그다[동] 자물쇠[명]

I forgot to lock the door. 나는 그 문을 ___________________ 것을 잊었다. <영화영작>

spot [spat=ㅅ팥]
장소[명] (피부의) 반점[명]

a nice spot 한 좋은 ___________________.

assume [əsjúːm=어슘]
가정하다[동] <as: ~로>

Assume the worst. 그 최악을 ___________________.

1256 1339

asleep [əslíːp=어슬립(프)]

잠든⟨형⟩

He's asleep now 그는 지금 ___________________.

1257 1335

justice [ʤʌ́stis=져스티시]

정의⟨명⟩

Seek justice ___________________ 추구해라.

1258 1335

legal [líːgəl=리이걸]

법적인⟨형⟩ 합법의⟨형⟩

a legal issue 한 ___________________ 문제.

1259 1331

bedroom [bédrùːm=베드룸]

침실⟨명⟩

Clean the bedroom. 그 ___________________ 청소해라.

1260 1330

shower [ʃáuər=샤우얼]

샤워하다⟨동⟩ 샤워⟨명⟩

Take a shower. 한 ___________________ 가져라. (=샤워해라)

trick
마술사의 손에서 일어나는 빠른
기교.

1

A 장소,
반점

whoever
제한 없이 모든 사람에게 열려있
는 자유.
ⓑ anyone ㅇㅇㅇㅇ

2

B 누구든지

lock
key(열쇠) 없이는 못 여는 철의 문
지기.
ⓑ unlock 열다
ⓑ open 열다

3

C 잠그다

spot
달마시안 개 몸의 검은 무늬.

4

D 가정하다

assume
확인 없이 그럴 거라고 믿는 짐작.
어원 as(~로) + sume(가져가다)
ⓑ suppose 추측하다

5

E 속임수,
묘기

asleep
꿈나라로 떠난 닫힌 눈꺼풀.
📍 awake 깨어있는

6

F 정의

justice
나쁜 사람을 벌주는 공정한 심판.
📍 injustice 불의
📍 unfairness 불공정

7

G 잠든

legal
경찰이 잡지 않는 행동. 사회에서
허용된 행동.
📍 illegal 불법의

8

H 침실

bedroom
bed(침대)가 있는 개인 방.

9

I 샤워하다

shower
욕실에서 쏟아지는 물줄기로 씻
는 목욕.
📍 bath 목욕, 욕조

10

J 법적인,
합법의

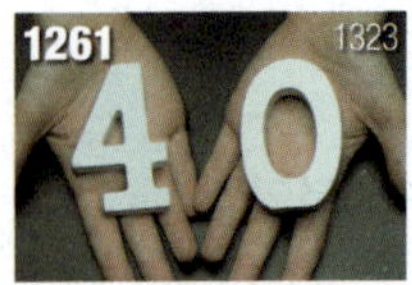

forty [fɔ́ːrti=폴티]

사십인⑱ 사십⑲

forty dollars ＿＿＿＿＿＿＿＿ 달러

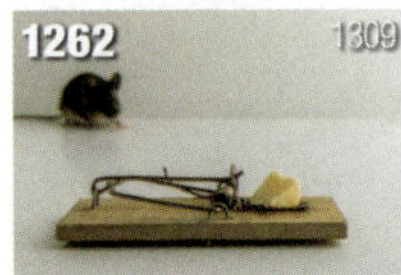

trap [træp=트뢮]

덫[명] 함정[명]

Set a trap 한 ＿＿＿＿＿＿＿＿ 놓아라.

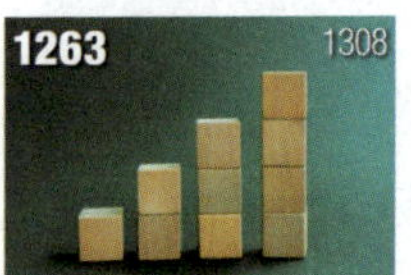

level [lévəl=레벌]

수준[명]

the next level 그 다음 ＿＿＿＿＿＿＿

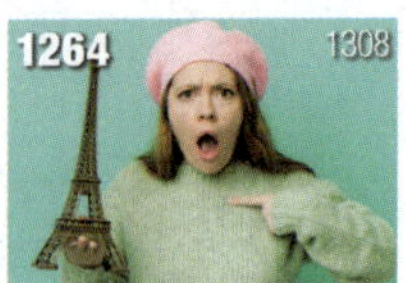

French [frénʧ=프뤤취]

프랑스의[형] 프랑스어[명] 프랑스인[명]

Speak French. ＿＿＿＿＿＿＿＿＿＿＿＿ 말해라.

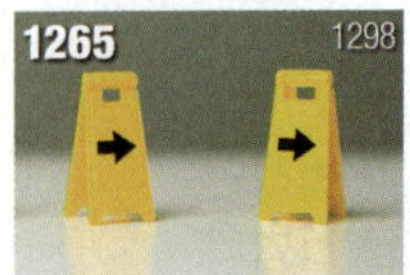

continue [kəntínjuː=컨티뉴]

계속하다[동] <con: 함께>

Continue working. 일을 ＿＿＿＿＿＿＿＿＿＿.

👁영어▶한글 👂한글▶영어 👁한글▶영어

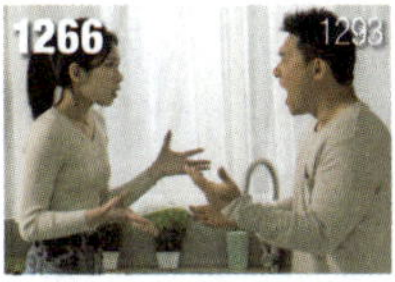
1266
1293

argue [ɑ́ːrgjuː=알규]

언쟁하다[동]

Argue with me. 나와 ______________________.

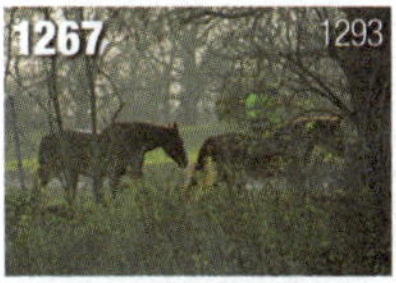
1267
1293

wild [waild=와일ㄷ]

야생의[형] 거친[형]

a wild animal 한 ______________________ 동물.

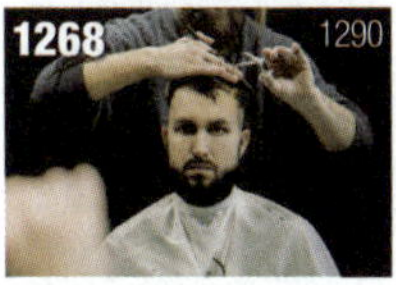
1268
1290

client [kláiənt=클라이언ㅌ]

고객[명]

Meet a client. 한 ______________________ 만나라.

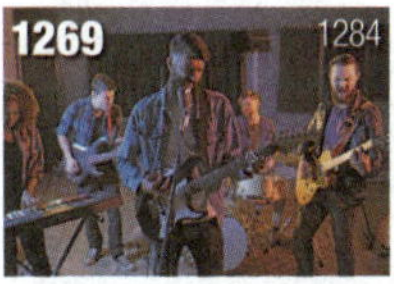
1269
1284

band [bænd=밴ㄷ]

(음악의) 밴드[명] 띠[명]

a rock band 한 록 ________________.

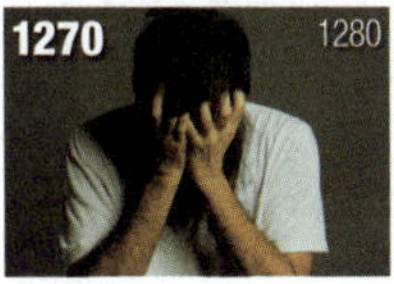
1270
1280

suffer [sʌ́fər=써펄]

고통받다[동] <suf=sub: 아래에>

She suffers from headaches. 그녀는 두통으로부터 ________________.

forty **1**
인생의 중간 지점 나이.

A 덫,
함정

trap **2**
쥐를 잡기 위해 치즈를 올려 놓은
장치.

B 프랑스의,
프랑스어

level **3**
게임에서 올라가는 단계.
ⓑ grade 등급

C 사십인

French **4**
에펠탑이 있는 나라의 언어.
ⓑ France 프랑스

D 계속하다

continue **5**
쉬는 시간 후 다시 이어지는 수업
처럼 con(함께) 기존에 하던 것을
tin(붙잡다)하는 것.
ⓑ proceed 0000

E 수준

argue
서로 다른 의견을 부딪치는 말싸움.
비 debate 논쟁하다

6

F 밴드,
띠

wild
우리에 갇히지 않은 자유로운 동물이 있는 곳.

7

G 고통받다

client
병원이나 전문 회사가 꾸준히 모시는 왕.
비 customer (상점의 구매) 손님

8

H 언쟁하다

band
기타와 드럼이 함께하는 음악 그룹. 또는 손목이나 머리에 두르는 무엇.
비 group 집단, 그룹

9

I 야생의,
거친

suffer
마음 속 suf(아래에)에서 fer(나르다)하며 힘들어하는 시간.
비 endure 견디다

10

J 고객

grand [grænd=ㄱ뢘드]
웅장한㉦

a grand palace 한 ＿＿＿＿＿＿＿＿＿ 궁전

rough [rʌf=뤄프]
거친㉦ 대충인㉦

a rough surface 한 ＿＿＿＿＿＿＿ 표면

government [gʌ́vərnmənt=거벌언먼트]
정부㉫

The government said. 그 ＿＿＿＿＿＿＿＿＿ 말했다.

ought to [ɔːt tu=얼 투]
~해야 한다㉣

You ought to speak to us. 너는 우리에게 말＿＿＿＿＿＿. <앨리스 영화영어>

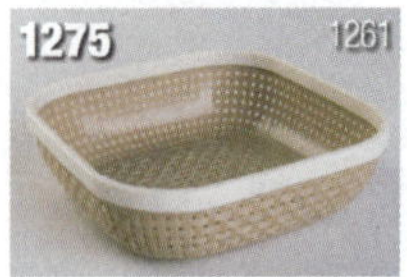

empty [émti=엠티]
빈㉦ 비우다㉧

The cup is empty. 그 컵은 ＿＿＿＿＿＿＿＿＿＿＿. <생활영어>

 1271 웅장한 **1272** 거친 **1273** 정부가 **1274** 해야 한다 **1275** 비어있다.

👁영어▶한글 👂한글▶영어 👁한글▶영어

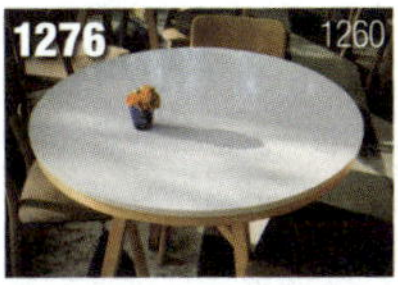

round [raund=롸운ㄷ]

둥근[형] (몇) 회[명]

a round table 한 ____________ 탁자

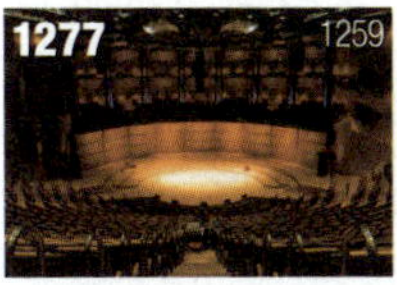

hall [hɔːl=헐]

강당[명]

a school hall 한 학교 ____________

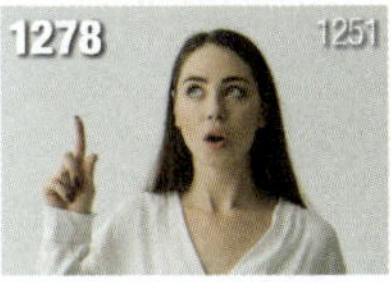

aware [əwéər=어웨얼]

알고 있는[형]

Be aware. ____________ 있어라.

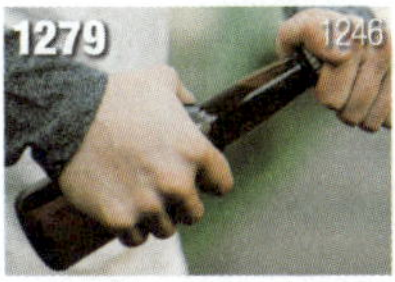

tight [tait=타잍(ㅌ)]

꽉 끼는[형]

tight pants ____________ 바지

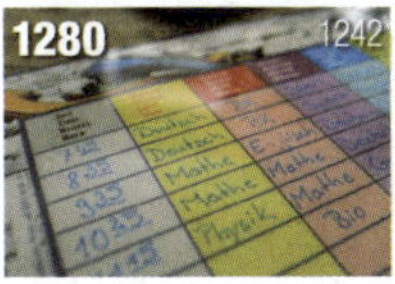

subject [sʌ́bdʒekt=썹젝ㅌ]

과목[명] 주제[명] <sub: 아래에>

math subject 수학 ____________

grand
압도적으로 큰 느낌이나 분위기.
1

A 정부

rough
사포처럼 까칠한 표면.
凹 smooth 부드러운
2

B 빈,
비우다

government
나라를 운영하는 큰 집단.
凹 govern 통치하다
3

C ~해야 한다

ought to
have to보다 약하게 표현하는 도덕적인 의무.
凹 should (내생각에) ~OO OO
凹 must (의무적으로) ~해야만 한다
4

D 웅장한

empty
내용물을 다 쏟아낸 가방. empty의 p는 발음하지 않는다.
5

E 거친,
대충인

round

공처럼 모난 곳 없는 것. 또는 권투 경기의 한 O.

6

F 과목, 주제

hall

결혼식이나 공연을 하는 큰 OO.

7

G 강당

aware

눈을 뜨고 이해하는 상태.
🔁 unaware 모르는

8

H 둥근, (몇) 회

tight

한 치수 작은 옷의 조임, 또는 빈틈없이 닫힌 뚜껑의 느낌.
🔁 loose 느슨한

9

I 꽉 끼는

subject

이야기의 sub(아래에)에 ject(던지다)한 중심 화제. 또는 학교에서 배우는 국어, 수학 같은 학문.

10

J 알고 있는

영어 ▶ 한글

1281 1237

match [mætʃ=맽취]
경기⁽ᵐ⁾ 어울리다⁽ᵛ⁾ 성냥⁽ᵐ⁾

a football match 한 축구 _______________

1282 1225

beyond [bijánd=비얀드]
~너머에⁽ᵖ⁾

It's beyond my ability. 그것은 나의 능력 ___________ 있다(=불가능하다). <생활영어>

1283 1224

pool [puːl=풀]
수영장⁽ᵐ⁾

Swim in the pool. 그 ___________________ 안에서 수영해라.

1284 1224

whenever [wenévər=웨네벌]
언제 ~하든지⁽ᶜ⁾ ~할 때마다⁽ᶜ⁾

whenever you call 네가 ___________ 전화 ___________________

1285 1223

opinion [əpínjən=어피니언]
의견⁽ᵐ⁾

in my opinion 내 _______________으로는

◉영어▶한글 ◉한글▶영어 ◉한글▶영어

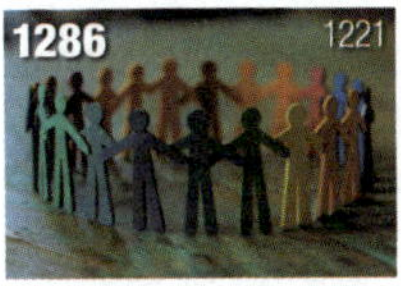

1286 1221

common [kάmən=카먼]

흔한[형] 공통의[형]

a common mistake 한 ______________ 실수

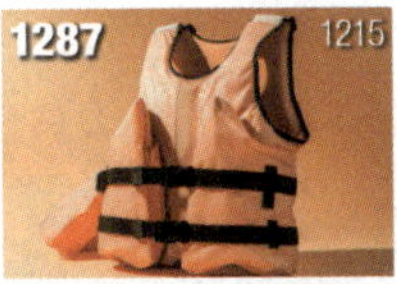

1287 1215

necessary [nésəsèri=네서쎄뤼]

필수적인[형] <cess: 가다>

a necessary tool 한 ______________ 도구

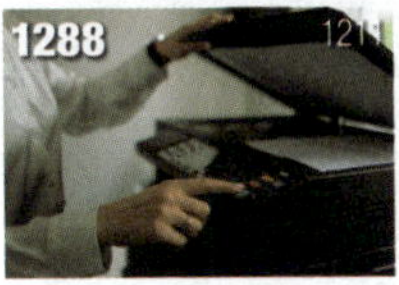

1288 1211

copy [kάpi=카피]

복사하다[동]

Copy this file. 이 파일을 ______________.

1289 1194

English [íŋgliʃ=잉글리쉬]

영어[명] 영국의[형] <ish: ~성질의>

English is tiring me. ______________ 나를 지치게 한다. <생활영어>

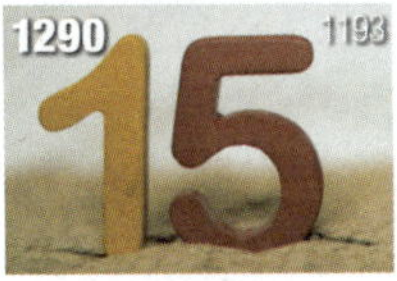

1290 1193

fifteen [fìftíːn=핖티인]

열다섯인[형] 열다섯[명]

fifteen minutes ______________ 분

1286 흔한 **1287** 필수적인 **1288** 복사해라 **1289** 영어는 **1290** 십오

match
축구나 테니스의 시합. **1**

A ~너머에

beyond
한계를 넘어선 더 먼 곳 **2**

B 의견

pool
여름에 수영하는 파란 물탱크. **3**

C 수영장

whenever
원할 때마다 열리는 문. **4**

D 언제 ~하든지,
~할 때마다

opinion
토론에서 주장하는 개인의 입장. **5**
🔁 view 관점, 견해

E 경기,
어울리다

common
대부분이 공유하는 같은 특징.
- 뻬 ordinary 평범한
- 뻬 usual 평소의

6

F 필수적인

necessary
ne(없다)하면 cess(가지) 못 하는, 반드시 있어야 하는 조건.
- 뻬 essential OOO
- 뺀 unnecessary 불필요한

7

G 열다섯인, 열다섯

copy
복사기로 똑같이 찍어내는 것.
- 뻬 duplicate (완전히 같게) OOOO

8

H 복사하다

English
미국과 영국에서 쓰는 언어이자 세계 공용어.

9

I 영어, 영국의

fifteen
한 달의 반, 1시간의 4분의 1.

10

J 흔한, 공통의

speech [spi:tʃ=ㅅ피이취]

연설㉠

Make a speech. ___________________ 만들어라(=해라).

spirit [spírit=ㅅ피륕(ㅌ)]

정신㉠ 영혼㉠

That's the spirit. 저것이 그 ___________________(=마음가짐)이다. <생활영어>

code [koud=코우드]

암호㉠ 규정㉠

a secret code 한 비밀 ___________________.

escape [iskéip=이ㅅ케잎(ㅍ)]

탈출하다㉦

Escape the room. 그 방을 ___________________.

nowhere [nóuhwɛər=노우웨얼]

아무데도 (~않다)㉫

Go nowhere. ___________________ 가지 ___________________.

 1291 연설을 **1292** 정신 **1293** 암호/번호 **1294** 탈출해라 **1295** 아무데도 / 마라

👁영어▶한글 👂한글▶영어 👁한글▶영어

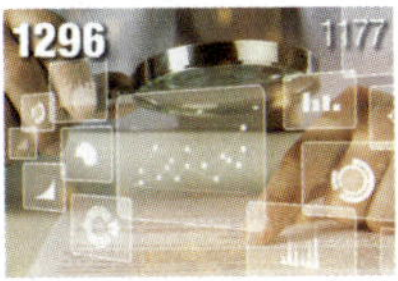

research [ríːsəːrtʃ=뤼이설취] [U]

연구하다[동] 연구[명] <re: 다시>

Do research. ______________ 해라.

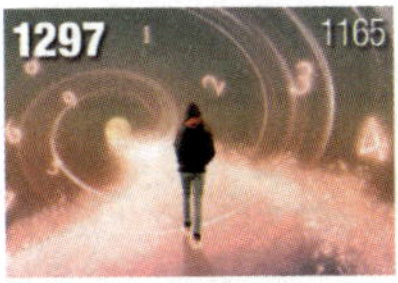

within [wiðín=위딘]

~이내에[전]

within a day 하루 ______________.

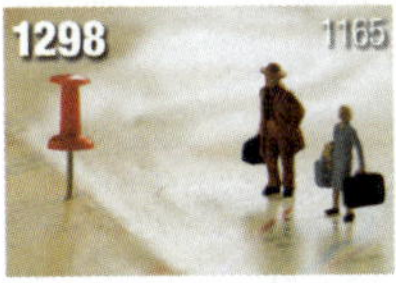

someplace [sʌ́mplèis=썸플레이ㅅ]

어딘가[대] 어딘가에[부]

Go someplace new. 새로운 ______________ 가라.

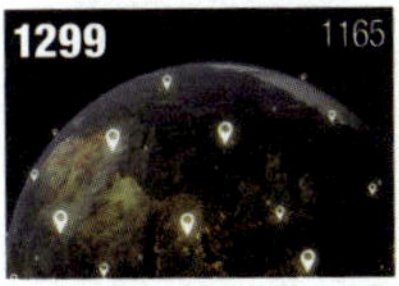

everywhere [évrihwèər=에ㅂ뤼웨얼]

모든 곳에서[부]

It is seen everywhere. 그것은 ______________ 보였다.

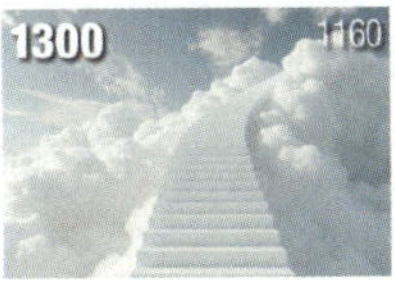

heaven [hévn=헤븐]

천국[명]

Live like it's heaven on earth. 지상에서 ______________ 것처럼 살아라.

1296 연구 **1297** 이내에 **1298** 어딘가에 **1299** 모든 곳에서 **1300** 천국인

40b ● 퍼즐 연상

speech
많은 사람 앞에서 하는 발표.
⑪ address (공식적인) OO — **1**

spirit
보이지 않는 마음의 에너지와 태도.
⑪ soul 영혼
⑫ body 육체 — **2**

code
비밀을 숨긴 숫자와 문자. — **3**

escape
자유를 위해 갇힌 곳에서 도망치는 것. — **4**

nowhere
지도에 없는 존재하지 않는 장소.
⑫ everywhere 모든 곳 — **5**

A 아무데도 (~않다)

B 암호, 규정

C 탈출하다

D 연설

E 정신, 영혼

research
답을 찾기 위한 깊은 탐구.
🔵 study 연구

6

F ~이내에

within
특정 시간 OOO 해야 하는 시간 제한.

7

G 천국

someplace
정확히 모르지만 있을 법한 곳.

8

H 어딘가,
어딘가에

everywhere
동서남북 사방팔방.

9

I 모든 곳에서

heaven
착한 사람이 죽은 후에 가는 곳.
🔵 paradise 낙원
🔴 hell 지옥

10

J 연구하다

공항 guard인 김철수는 매일 같은 일상을 반복했다. 그런데 어느 날 이상한 손님이 나타났다.

"안녕하세요. heaven행 flight를 찾고 있어요."

철수가 웃었다.

"그런 목적지는 impossible해요. 농담이시죠?"

"아니요. 정말 있어요. 특별한 곳입니다."

손님이 disappear한 후, 철수는 궁금했다. 정말 그런 곳이 있는지 공항 여기저기를 뒤졌다. 놀랍게도 숨겨진 통로가 있었다.

안내판에는 이렇게 쓰여 있었다: Heaven 공항 – Spirit 구역

철수가 안으로 들어가자 놀라운 scene이 펼쳐졌다. 승객들이 모두 반투명했다. 유령들이었다.

직원이 말했다.

"어머, 살아있는 사람이 어떻게 여기까지?"

"저... 그냥 궁금해서..."

"음, 특별한 경우네요. 잠깐 대기해주세요."

잠시 후 우아한 suit를 입은 여자가 나타났다.

"안녕하세요, 저는 이곳의 관리자예요. 살아있는 사람이 우리 곳을 찾다니 forty년 만이네요."

철수가 긴장하며 물었다.

"여기가 정말 heaven으로 가는 곳인가요?"

"맞아요. 하지만 모두가 갈 수 있는 건 아니지만 심사가 rough해요."

관리자가 설명했다. 죽은 영혼들은 먼저 이곳에서 심사를 받는다.

그들의 인생을 검토하고, heaven행을 자격이 있는지 판단한다.

"근데 왜 공항에 있죠?"

"현대인들이 가장 친숙한 장소잖아요. 옛날에는 강가에 있었는데, technology가 발달하면서 옮겼어요."

철수는 매료됐다.

"저도 일을 도울 수 있을까요? 저는 guard니까…"

관리자가 고민했다.

"음… 사실 인간 agent가 한 명 necessary했어요. 가끔 실수로 산 사람이 오거든요."

그렇게 철수는 이중생활을 시작했다. 낮에는 일반 guard, 밤에는 heaven 게이트의 특별 agent.

첫 임무는 까다로웠다. 한 영혼이 continue해서 escape하려 했다.

"나는 아직 죽을 때가 아니야! 내 career가 이제 시작인데!"

"미안하지만 이미 complete된 일이에요. 받아들이셔야 해요."

영혼은 젊은 연예인이었다. 사고로 죽었는데 아직도 믿지 못했다.

"우리 band가 내일 공연이 있어요! 팬들이 기다려요!"

철수가 부드럽게 말했다.

"팬들은 당신을 영원히 기억할 거예요. 그게 진짜 불멸이죠."

영혼이 조금씩 진정됐다.

"그럼 저는 이제 어디로 가나요?"

"심사를 받으셔야 해요. 당신의 인생이 어땠는지 검토하고."

심사실은 grand한 hall이었다. 벽면에는 거대한 화면이 있었고, 그곳에 영혼의 일생이 영화처럼 펼쳐졌다.

연예인의 삶이 보였다. 처음엔 순수했지만, 유명해지면서 변했다. 팬들에게 무례했고, 동료들을 무시했다.

"이런... 제가 이렇게 나빴나요?"

"하지만 좋은 일도 했네요. 자선 공연, 아픈 팬 방문..."

심사관이 나타났다. 놀랍게도 평범한 할머니였다.

"젊은이, 당신의 spirit은 아직 미숙해요. 좀 더 배워야 해요."

"그럼 저는 지옥으로 가나요?"

"아니에요. 중간 level로 가요. 거기서 교육을 받고 다시 기회를 얻어요."

연예인이 떠난 후, 철수는 plenty of 영혼들을 만났다. 부자, 가난한 사람, 유명한 사람, 평범한 사람...한 번은 공항에서 한 여자를 봤다. 그녀 주위에 어두운 기운이 있었다.

"실례지만, 괜찮으세요? medical 검사를 받아보시는 게..."

"왜요? 전 건강해요."

"그래도 한 번... 제발요."

여자는 마지못해 병원에 갔다. 검사 결과, 초기 암이 발견됐다. 빨리 발견해서 complete하게 치료됐다.

"당신이 제 생명을 구했어요. 어떻게 아셨어요?"

"그냥... 느낌이었어요."

10년 후, 철수는 은퇴했다. 마지막 날, 모든 영혼들이 작별 인사를 하러 왔다.

"감사했어요, 철수 씨."

"당신 덕분에 peace롭게 갈 수 있었어요."

철수는 눈물이 났다. 집으로 돌아가는 길, 철수는 하늘을 봤다. 구름 사이로 flight가 지나갔다. heaven행인지도 모를.

그는 미소지었다. 죽음은 끝이 아니라 새로운 여정의 시작이라는 걸 알았으니까. 그리고 언젠가, 자신도 그 flight에 탑승할 것이다. 그때까지는 이 세상에서 최선을 다해 살 것이다.

추신: 특별한 통로는 지금도 존재한다. 단지 특별한 눈을 가진 사람만 볼 수 있을 뿐이다. wherever 당신이 있든, 만약 공항에서 empty한 게이트를 발견한다면, 그곳이 바로 spirit들의 대합실일지도 모른다.

41a 음악 연상 / 빈칸 해석

영어 ▶ 한글

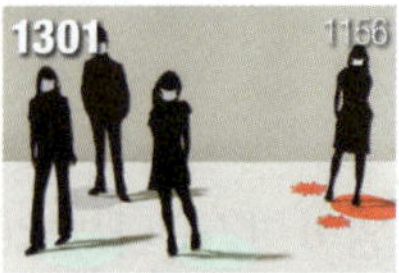

1301 1156

suspect [səspékt=써ㅅ펙ㅌ]

의심하다[동] 용의자[동] <spect: 보다>

Suspect him. 그를 ______________________.

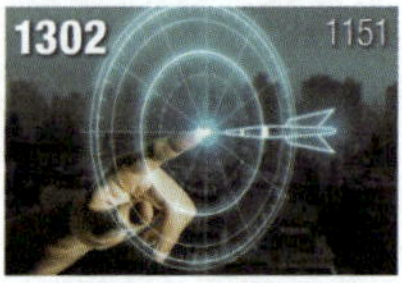

1302 1151

mission [míʃən=미션]

임무[명]

a secret mission 한 비밀 ______________.

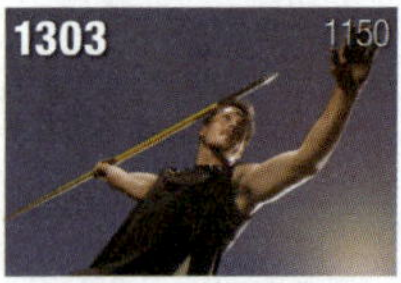

1303 1150

further [fə́ːrðər=펄덜]

더 멀리[부]

Go further. ____________________ 가라.

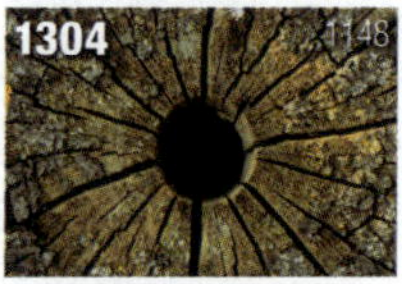

1304 1148

hole [houl=호울]

구멍[명]

a big hole 한 큰 ______________

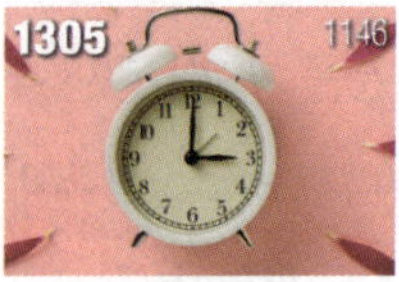

1305 1146

o'clock [əklák=어클락]

~시 정각[명]

six o'clock 6____________________

 1301 의심해라 **1302** 임무 **1303** 더 멀리 **1304** 구멍 **1305** 시 정각

airport [ɛ́ərpɔ̀ːrt=에얼폴트]

공항⁽명⁾

Take me to the airport. 나를 그 ＿＿＿＿＿＿＿＿으로 데려가라. <유럽여행>

bite [bait=바잍(트)]

물다⁽동⁾

Bite the apple. 그 사과를 ＿＿＿＿＿＿＿＿＿.

smoke [smouk=ㅅ모욱(크)]

연기⁽명⁾ 담배 피우다⁽동⁾

Smoke rises. ＿＿＿＿＿＿＿＿ 올라간다.

liar [láiər=라이얼]

거짓말쟁이⁽명⁾

I'm a terrible liar. 나는 한 끔찍한(=잘 못하는) ＿＿＿＿＿＿＿. <생활영어>

van [væn=밴]

승합차⁽명⁾

Drive a van. 한 ＿＿＿＿＿＿＿＿ 운전해라.

suspect
확신할 수 없어 의문을 품는 추측. sub(아래에서) 상대방을 몰래 spect(보다)하는 것.

1

A ~시 정각

mission
스파이가 완수해야 할 비밀 작전. 또는 인생에서 이루어야 할 목표.

2

B 의심하다, 용의자

further
이야기나 거리를 더 깊이, 더 많이 나아가는 것.

3

C 더 멀리

hole
도넛 가운데 뚫린 빈 공간.

4

D 구멍

o'clock
시계의 긴 바늘이 12를 가리킬 때의 짧은 바늘이 가리키는 숫자. of the clock(시계의 그 시간)을 줄인 말.

5

E 임무

airport 비행기의 집이자 여행이 시작되는 곳.	**6**	**F** 승합차
bite 이빨로 씹거나, 잡는 것. ⑪ chew 씹다	**7**	**G** 공항
smoke 불에서 피어오르는 회색 구름.	**8**	**H** 물다
liar 늑대가 왔다고 외친 양치기 소년. ⑪ lie 거짓말하다	**9**	**I** 연기, 담배 피우다
van 많은 사람이 탈 수 있는 큰 차.	**10**	**J** 거짓말쟁이

desperate [déspərit=데스퍼릳]

절박한⟨형⟩

a desperate need 한 _________________ 필요

search [sə:rtʃ=썰취]

탐색하다⟨동⟩

Search the room. 그 방을 _________________.

themselves [ðem·sélvz=뎀쎌ㅂ즈]

그들 자신을⟨대⟩

They blame themselves. 그들은 _________________ 탓한다.

damage [dæmidʒ=대미쥐]

손해⟨명⟩ 피해⟨명⟩

water damage 물 _________________.

afford [əfɔ́:rd=어폴드]

~할 여유가 있다⟨동⟩ ⟨af:~로⟩

I can't afford a new car. 나는 새 차를 _________________ 없다.

  1311 절박한 **1312** 탐색해라 **1313** 그들 자신을 **1314** 피해 **1315** 살 여유가

👁영어▶한글

👂한글▶영어

👁한글▶영어

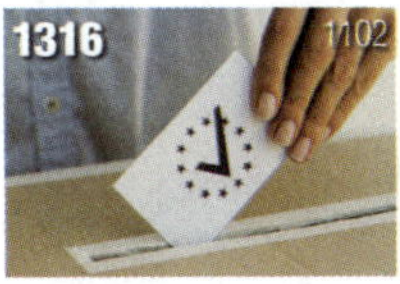
1316
1102

vote [vout=보웉(ㅌ)]

투표하다[동] 투표[명]

The vote was unanimous. 그 ______________ 만장일치였다. <생활영어>

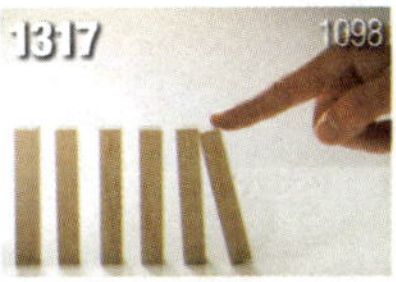
1317
1098

due to [djuː tu=듀 투]

~때문에[형]

It was delayed due to rain. 그것은 비 ______________ 지연되었다.

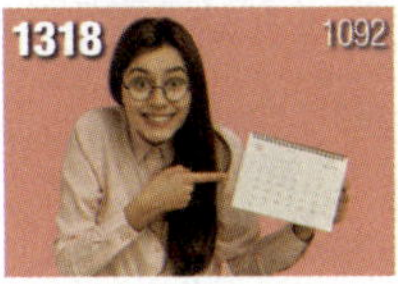
1318
1092

Friday [fráidei=프롸이데이]

금요일[명] 금요일에[부]

We have casual Fridays. 우리는 평상복을 입는 ______________ 가진다.

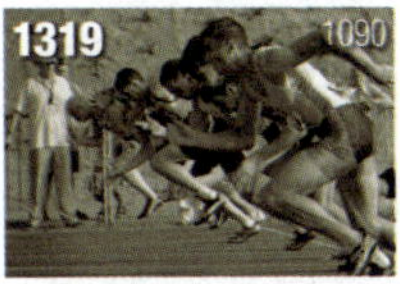
1319
1090

upon [əpʌ́n=어펀]

~에 닿아서[전] ~하자마자[전]

upon arrival 도착______________

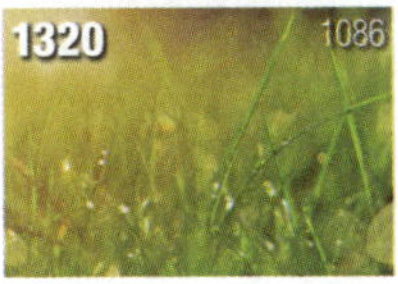
1320
1086

natural [nǽtʃərəl=내쳐뤌]

자연의[형] 자연스러운[형] 타고난[형]

natural beauty ______________ 아름다움

desperate
마지막 희망마저 사라진 막막함.
비 hopeless 가망 없는
반 hopeful 희망찬

1

A 탐색하다

search
숨은그림찾기 하는 눈의 탐험.
find는 '결과'에 search는 '과정'에
더 관심이 있다.
비 look for 찾아보다 비 find 찾다

2

B 절박한

themselves
거울에 비친 그들의 모습.
반 ourselves 우리 자신을

3

C ~할 여유가
있다

damage
원래대로 돌릴 수 없는 상처.

4

D 그들 자신을

afford
지갑에 돈이 충분한 구매력.
반 lack 부족하다

5

E 손해,
피해

vote — 6
뜻을 결정하기 위해 모두의 의견을 하나씩 모으는 것.

F ~때문에

due to — 7
원인을 가리키는 화살표.

G 금요일

Friday — 8
주말 전 마지막 평일.

H 투표하다

upon — 9
on보다 딱딱한 느낌의 '닿아 있음'을 쓸 때.

I 자연의,
타고난,
자연스러운

natural — 10
꾸미지 않은 생긴 그대로의 모습.
⟲ artificial 인공의

J ~에 닿아서,
~하자마자

suggest [səgʤest=써줴스트]

제안하다(동) <sug=sub: 아래에>

Suggest a plan. 한 계획을 _________________.

downstairs [dàunstéərz=다운스테얼즈]

아래층으로(부)

Go downstairs. _________________ 가라.

loose [luːs=루즈]

느슨한(형)

loose pants _________________ 바지

planet [plǽnit=플래닡]

행성(명)

another planet 다른 하나의 _________________

duty [djuːti=듀티]

의무(명) 관세(명)

Do your duty. 너의 _________________ 다 해라.

defense [diféns=디펜스]

방어⁽명⁾ 변호⁽명⁾ (=defence) <de: 떨어져서>

self defense 자기 ____________

loud [laud=라우드]

소리가 큰⁽형⁾

loud music ____________ 음악.

practice [præktis=프랙티스]

연습하다⁽동⁾ (=practise, 영국식)

We practice it. 우리는 그것을 ____________. <독해비급>

Saturday [sǽtərdei=새털데이]

토요일⁽명⁾ 토요일에⁽부⁾

Saturday night ____________ 밤

army [ɑ́ːrmi=알미]

육군⁽명⁾

Join the army. ____________ 가입해라.

suggest
더 나은 방법을 알려주는 조언.
어원 sug(아래로) + gest(가져오다)
비 propose (격식을 갖춰) OOOO
비 recommend 추천하다

1

A 제안하다

downstairs
계단을 내려가면 있는 층.
반 upstairs 위층

2

B 의무

loose
살 빠져서 흘러내리는 바지.
반 tight 꽉 끼는

3

C 느슨한

planet
태양 주위를 도는 거대한 공.

4

D 아래층으로

duty
부모가 자식에게 갖는 책임. 또는
시민이 나라에 내는 세금.
반 right 권리

5

E 행성

defense

공격을 막는 튼튼한 방패. 공격을 de(멀리) fend(치다)하는 것.

반 offense 공격
반 attack (물리적) 공격

6

F 토요일

loud

귀를 막고 싶은 공사장의 소음.

비 noisy 시끄러운
반 quiet 조용한

7

G 방어,
변호

practice

악기를 잘하기 위해 반복 훈련하는 것. 또는 이론을 현실로 옮기는 것.

8

H 소리가 큰

Saturday

한 주의 마지막 날이자, 하나님(여호와)께서 6일간 세상을 만든 뒤 쉬신 날.

9

I 육군

army

나라의 경계선에 서 있는 살아 있는 벽.

비 military 군대
비 navy 해군 비 air force 공군

10

J 연습하다

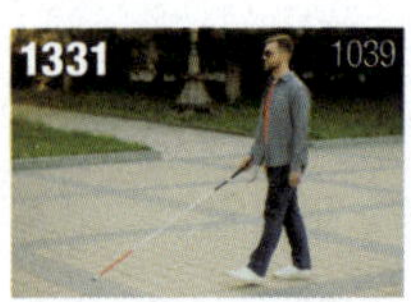

blind [blaind=블라인드]

눈먼⑱ (창문의) 햇빛 가리개[명]

I have a blind date. 나는 한 ___________(=모르고 만나는) 데이트를 가진다.

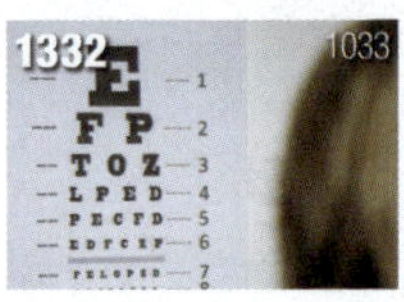

sight [sait=싸잍(ㅌ)]

시력[명] 광경[명]

It was love at first sight. 그것은 첫 ___________에 (반한) 사랑이었다.

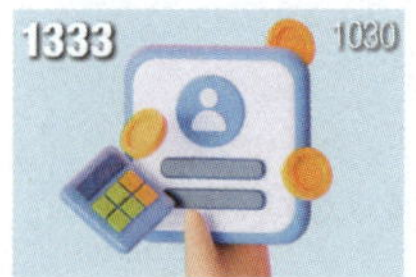

account [əkáunt=어카운트]

계정[명] 계좌[명] 설명하다[동] <ac:~로>

Create an account. 한 ___________ 만들어라.

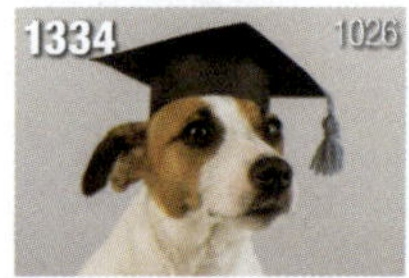

brilliant [bríljənt=ㅂ릴리언트]

훌륭한[형] 눈부신[형]

a brilliant idea 한 ___________ 아이디어.

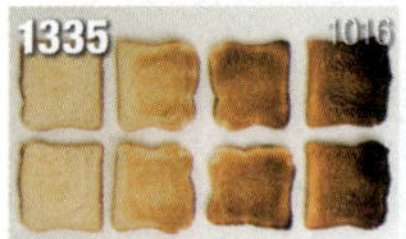

toast [toust=토우스트]

굽다[동] 토스트[명] 건배하다⑧ 건배⑲

Make a toast. 한 ___________ 만들어라.

advantage [ædvǽntidʒ=어드밴티쥐]

유리한 점명

a big advantage 한 큰 _______________________.

attitude [ǽtitjùːd=애티튜드]

태도명

a positive attitude 한 긍정적인 _______________

grade [greid=그뤠이드]

성적명 등급명 학년명

Get a good grade. 한 좋은 _______________ 받아라.

someday [sʌ́mdèi=썸데이]

언젠가부

Let's meet someday. _______________ 우리 만나자.

roof [ruːf=루프]

지붕명

The roof keeps the house warm. 그 _________ 집을 따뜻하게 유지한다.

1336 유리한 점　**1337** 태도　**1338** 성적을/등급을　**1339** 언젠가　**1340** 지붕이/지붕은　

blind
빛을 볼 수 없는 가려진 눈. 혹은 창문을 가리는 것.

1

A 훌륭한, 눈부신

sight
안경으로 교정하는 눈의 능력. 또는 여행지에서 보는 절경.
비 vision 시력

2

B 눈먼

account
돈을 넣고 빼는 은행 통장. 또는 인터넷 사이트에서 쓰는 아이디.
어원 ac(~로) + count(계산하다)

3

C 시력, 광경

brilliant
다이아몬드처럼 반짝이는 생각이나 빛.

4

D 굽다, 건배하다

toast
구워서 바삭해진 빵 조각.
비 cheer 건배, 환호

5

E 계정, 계좌, 설명하다

advantage 6
남보다 나은 조건의 혜택.
⊞ disadvantage 불리한 점

F 성적, 등급, 학년

attitude 7
사람이나 일을 대하는 마음의 자세.

G 언젠가

grade 8
A부터 F까지 매기는 점수. 품질을 나누는 표시.

H 태도

someday 9
달력에 표시 안 된 미래의 날.

I 지붕

roof 10
집을 덮는 비 막는 큰 우산.
⊞ ceiling 천장

J 유리한 점

45ᵃ 음악 연상 / 빈칸 해석

fake [feik=페익(ㅋ)]

가짜인⁽형⁾ 모조품⁽명⁾

a fake smile 한 ＿＿＿＿＿＿＿＿＿ 웃음

eventually [ivéntʃuəli=이벤츄얼리]

결국⁽부⁾

eventually succeed ＿＿＿＿＿＿＿ 성공하다

bomb [bam=밤]

폭탄⁽명⁾

Drop the bomb. ＿＿＿＿＿＿＿＿＿ 떨어뜨려라.

familiar [fəmíliər=퍼밀리얼]

익숙한⁽형⁾

That song sounds familiar. 저 노래는 ＿＿＿＿＿＿ 들린다. <생활영어>

capable [kéipəbl=케이퍼블]

(~할) 능력이 있는⁽형⁾

a capable worker 한 ＿＿＿＿＿＿＿＿＿＿ (=유능한) 직원

schedule [skédʒuːl=스케쥴]

일정㉥

We're behind schedule. 우리는 _______________ 뒤에 있다(=늦었다). <생활영어>

dollar [dálər=달럴]

달러㉥

You spent 967 dollars. 너는 967_______________ 소비했다. <영화영작>

master [mǽstər=매스털]

달인㉥ 숙달하다㉵

Master the skill. 그 기술을 _______________.

clue [kluː=클루]

단서㉥

Give a clue. 한 _______________ 주어라.

correct [kərékt=커뤸트]

옳은㉵ 수정하다㉵

Correct the answer. 그 정답을 _______________.

fake
진짜를 흉내 낸 모조품.
(반) real 진짜의
(반) genuine 진품의

1

A 익숙한

eventually
긴 여정 끝에 도착하는 종점.
(비) finally 마침내

2

B ~할 능력이 있는

bomb
전쟁에서 떨어뜨리는 대량 살상 무기. bomb에서 단어 끝 b는 소리내지 않는다.

3

C 폭탄

familiar
family(가족)처럼 이미 아는 편안한 느낌.
(반) unfamiliar 낯선
(반) strange 이상한

4

D 가짜의, 모조품

capable
맡은 일을 해낼 수 있는 능력.
(반) incapable 무능한

5

E 결국

schedule
달력에 빼곡히 적힌 약속들.
📵 plan 계획

6

F 옳은,
수정하다

dollar
1센트가 100개 모인 미국 돈. 전
세계 돈의 기준.

7

G 달러

master
기술을 완벽히 익힌 사람.

8

H 달인,
숙달하다

clue
수수께끼를 푸는 열쇠.
📵 hint 힌트

9

I 일정

correct
틀린 것을 바로잡는 수정.
🔁 incorrect 부정확한

10

J 단서

1351 968

social [sóuʃəl=쏘우셜]

사회적인 [형]

a social issue 한 ______________ 문제

1352 956

lonely [lóunli=로운리]

외로운 [형]

I feel lonely. 나는 ______________ 느낀다.

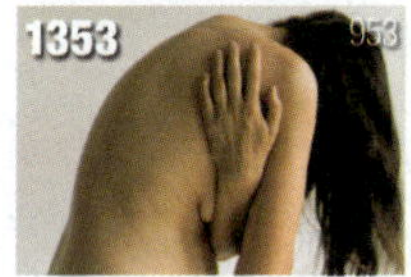

1353 953

shame [ʃeim=쉐임]

수치심 [명]

Feel shame. ______________ 느껴라.

1354 952

local [lóukəl=로우컬]

지역의 [형]

local food ______________ 음식

1355 948

merry [méri=메뤼]

즐거운 [형]

Merry Christmas ______________ 크리스마스

port [pɔːrt=폴트]

항구⒨

at the port 그 _______________에서

victim [víktim=빅팀]

희생자⒨ 피해자⒨ <vict: 이기다>

a crime victim 한 범죄 _______________

strength [streŋθ=스트뤵따]

힘⒨

inner strength 내면의 _______________

loss [lɔːs=러쓰]

손실⒨

a big loss 한 큰 _______________

view [vjuː=뷰]

전망⒨ 관점⒨

a mountain view 한 산 _______________

social
공동체 속에서 살아가는 방식.
비 society 사회 (명사)
1

A 지역의

lonely
혼자 있는 빈 방의 조용함.
비 alone 혼자인, OOO
2

B 즐거운

shame
얼굴이 빨개지는 부끄러운 마음.
3

C 외로운

local
동네 가게처럼 가까운 곳.
비 regional OOO
4

D 사회적인

merry
크리스마스 인사의 기쁨.
반 sad 슬픈
반 gloomy 우울한
5

E 수치심

port   6
배가 쉬어가는 바다의 역.
비 harbor 항구

F   전망, 관점

victim   7
사고를 당한 불행한 사람.

G   항구

strength   8
무거운 것을 드는 근육의 능력.
반 weakness 약함

H   힘

loss   9
잃어버린 것의 빈자리.

I   손실

view   10
문제를 바라보는 방식.

J   희생자, 피해자

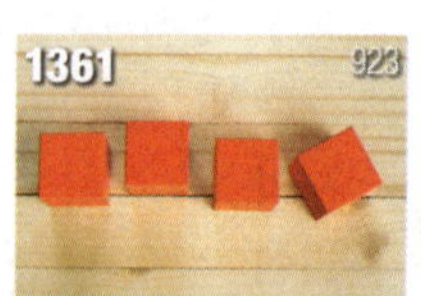

several [sévərəl=쎄버럴]

너댓의⒠

several people _______________ 사람들

shock [ʃak=샥(ㅋ)]

충격㊅ 충격을 주다㊦

Shock him. 그에게 _______________.

character [kǽriktər=캐뤽털]

인물㊅ 성격㊅

a main character 한 주요한 _______________

crash [kræʃ=크뤠쉬]

충돌하다㊦ 사고㊅

There's a car crash 한 차 _______________ 있다. <생활영어>

enemy [énəmi=에너미]

적㊅

Defeat the enemy. 그 _______________ 물리쳐라.

 1361 너댓의 **1362** 충격을 줘라 **1363** 인물 **1364** 사고가 **1365** 적을

👁영어▶한글 👂한글▶영어 👁한글▶영어

1366
909

recognize [rékəgnàiz=뤠커ㄱ나이ㅈ]

알아보다[동]

Recognize his face. 그의 얼굴을 ____________________.

1367
906

feed [fiːd=피이ㄷ]

먹이다[동]

Feed the dog. 그 개를 ____________________.

1368
904

percent [pərsént=펄쎈ㅌ]

퍼센트[명]

ninety percent 구십 ____________________

1369
901

purpose [pə́ːrpəs=펄퍼ㅅ]

목적[명]

a life purpose 한 삶의 ________________

1370
900

drag [dræg=ㄷ뢔ㄱ]

끌다[동]

Drag the box. 그 상자를 ____________________.

1366 알아봐라 **1367** 먹여라 **1368** 퍼센트 **1369** 목적 **1370** 끌어라

several
많지는 않지만 적지도 않은 양.
凹 some 약간의

1

A 충격,
충격을 주다

shock
전기에 감전된 듯한 찌릿함.
凹 surprise 놀라게 하다

2

B 적

character
영화나 소설 속 주인공.

3

C 인물,
성격

crash
크게 부딪치는 것.

4

D 충돌하다

enemy
전쟁에서 싸우는 상대편.

5

E 너댓의

recognize
오랜만에 만난 친구를 기억해내
는 것.
어원 re(다시) + cognize(알다)
비 identify OOOO

6

F 끌다

feed
아기나 동물에게 음식을 주는 것.

7

G 퍼센트

percent
100분의 얼마를 나타내는 비율.

8

H 목적

purpose
행동의 방향을 정하는 이유와 의미.
비 goal 목표
비 aim 목표

9

I 알아보다

drag
짐을 땅에 닿은 상태로 옮기는 것.

10

J 먹이다

🔊 영어 ▶ 한글

curious [kjúəriəs=큐어뤼어스]
호기심 많은 [형]

a curious cat 한 _______________ 고양이

pardon [páːrdn=팔든]
용서 [명] 용서하다 [동]

Pardon me. 나를 _______________.

closet [klάzit=클라짙]
옷장 [명]

in the closet 그 _______________ 안에

gorgeous [gɔ́ːrʤəs=골져스]
아주 멋진 [형]

You're so gorgeous. 너는 대단히 _______________. <생활영어>

post [poust=포우스터]
게시하다 [동] 우편 [명]

Post a photo. 사진을 _______________.

 1371 호기심 많은 **1372** 용서해라 **1373** 옷장 **1374** 아주 멋지다 **1375** 게시해라

👁영어▶한글 👂한글▶영어 👁한글▶영어

1376
888

survive [sərváiv=썰바이ㅂ]

살아남다[동]

Survive the war. 전쟁에서 ______________________.

1377
881

rent [rent=렌ㅌ]

빌리다[동]

I want to rent a car. 나는 한 차를 ______________ 원한다. <유럽여행>

1378
879

trade [treid=ㅌ뤠이ㄷ]

거래하다[동]

Trade goods. 물건들을 ______________________.

1379
879

thanksgiving [θǽŋksgìviŋ=땡ㅅ기빙]

추수감사절[명]

thanksgiving dinner ______________________ 저녁 식사

1380
877

physical [fízikəl=피지컬]

신체의[형] 물질의[형]

physical strength ______________________ 힘 (=체력)

curious
답을 찾고 싶은 탐구심.
(비) curiosity 호기심 (명사)
(반) indifferent 무관심한

1

A 아주 멋진

pardon
잘못을 눈감아주는 것.
(비) forgive OOOO
(비) excuse (가볍게) OOOO

2

B 호기심 많은

closet
옷을 걸어두는 큰 나무 상자.

3

C 옷장

gorgeous
숨이 멎을 듯 아름다운 미모.
(비) beautiful 아름다운

4

D 게시하다,
우편

post
우체통에 넣는 무엇. 또는 인터넷
에 글이나 사진을 올리는 것.
(비) mail OO

5

E 용서,
용서하다

survive
죽지 않고 이어가는 생명.
[반] die 죽다

6

F 빌리다

rent
남의 것을 돈 주고 일정 기간 동안 쓰는 것.
[비] lease 임대하다

7

G 거래하다

trade
물건을 사고 파는 장사.
[비] exchange 교환하다

8

H 살아남다

thanksgiving
농작물을 수확하게 해주신 하나님께 감사드리며, 칠면조를 먹는 미국의 명절.

9

I 신체의,
물질의

physical
몸을 쓰는 육체 노동.
[비] bodily OOO
[반] mental 정신적인

10

J 추수감사절

1381 876

prefer [prifə́:r=프뤼펄]

선호하다(동) <fer: 나르다>

I prefer coffee to tea. 나는 차보다 커피를 _________________.

1382 873

aside [əsáid=어싸이드]

옆에(부)

Step aside. _____________ 비켜라.

1383 873

pray [prei=프뤠이]

기도하다(동)

Pray for peace. 평화를 위해 _________________.

1384 873

spare [spɛər=ㅅ페얼]

남는(형) 할애하다(동)

Spare time 시간을 _________________

1385 871

sometime [sʌ́mtàim=썸타임]

언젠가(부)

Call me sometime. 나에게 _________________ 전화해라.

1381 선호한다 **1382** 옆에 **1383** 기도해라 **1384** 할애해라 **1385** 언젠가

👁영어▶한글　　👂한글▶영어　　👁한글▶영어

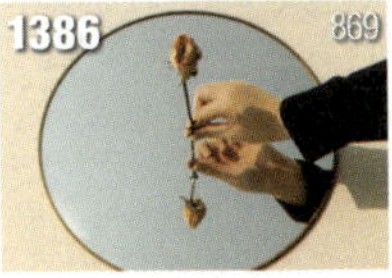

itself [itsélf=잍셀프]

그것 자체(를)[대]

The door opened by itself. 그 문이 ______________에 의해 (=스스로) 열렸다.

tip [tip=팁]

조언[명] 끝 부분[명] 봉사료[명]

Thank you for your tip. 당신의 ______________에 감사한다. <생활영어>

affair [əféər=어페얼]

사건[명] 불륜[명] <af: ~로>

a world affair 한 세계의 ______________

ours [auərz=아우얼ㅈ]

우리의 것[대]

They're ours. 그것들은 ______________. <생활영어>

main [mein=메인]

주요한[형]

Skip the main dish. ______________ 요리는 건너뛰어라.

1386 그것 자체 **1387** 조언/봉사료 **1388** 사건 **1389** 우리의 것이다 **1390** 주요한

prefer   1
더 좋아하는 쪽으로 기우는 마음.

A   언젠가

aside   2
길을 비켜주는 옆걸음.

B   선호하다

pray   3
손 모아 하늘에 비는 간절함.

C   남는,
할애하다

spare   4
펑크 났을 때 쓰는 예비 타이어.
回 extra 추가의

D   옆에

sometime   5
정확하지 않은 미래의 어느 때.

E   기도하다

itself
스스로를 가리키는 대상.

6

F 조언,
끝

tip
유용한 정보나 말. 또는 산 꼭대기
나 연필의 마지막 부분.
囲 hint 힌트

7

G 우리의 것

affair
스캔들이 된 연애 사건. 또는 일이
나 문제.

8

H 주요한

ours
함께 소유한 공동 재산.
맨 theirs 그들의 것

9

I 그것 자체를

main
가장 중요한 핵심 부분.
囲 primary 000
맨 minor 사소한
맨 secondary 부수적인

10

J 사건,
불륜,
끝 부분

50a 음악 연상 / 빈칸 해석

영어▶한글

1391 855

storm [stɔːrm=스톰]

폭풍[명]

There's a storm. 한 ______________ 있다. <생활영어>

1392 853

interview [íntərvjuː=인털뷰]

면접[명] 인터뷰하다[동] <inter: 서로>

a job interview 한 직업 ______________

1393 846

process [práses=프롸쎄ㅅ]

과정[명] <cess: 가다>

a learning process 한 배우는 ______________

1394 845

assistant [əsístənt=어씨ㅅ턴ㅅ]

조수[명] <ant: ~하는 사람, ~하는 것>

a shop assistant 한 상점 ______________

1395 844

block [blak=블락(ㅋ)]

막다[동] 블록[명]

Go straight one block. 똑바로 한 개의 ______________(만큼) 가라. <유럽여행>

 1391 폭풍이 **1392** 면접 **1393** 과정 **1394** 조수 **1395** 블록

◉영어▶한글　　👂한글▶영어　　◉한글▶영어

handsome [hǽnsəm=핸썸]

잘생긴[형]

a handsome man 한 ____________ 남자

pie [pai=파이]

파이 (제과류)[명]

an apple pie 한 사과 ____________

anytime [énitàim=에니타임]

언제든지[부]

Call me anytime. ____________ 나에게 전화해라.

nearly [níərli=니얼리]

거의[부]

nearly done ____________ 끝난

shake [ʃeik=쉐익(ㅋ)]

흔들다[동]

Shake hands. 손을 ____________. (=악수해라)

storm
바람과 비가 격렬히 몰아치는 것.
- ⓑ **hurricane** (대서양의) OO
- ⓑ **typhoon** (태평양의) OO
- ⓑ **cyclone** (인도양의) OO

1

A 과정

interview
정보를 얻기 위해 inter(서로) view(보다)하는 것.
- ⓑ **meeting** 회의

2

B 면접, 인터뷰하다

process
pro(앞으로) cess(가다)하는 시작부터 끝까지의 단계.
- ⓑ **procedure** 절차

3

C 막다, 블록

assistant
일을 도와주는 도우미.
- ⓑ **assist** 보조하다
- ⓑ **helper** 도우미

4

D 조수

block
길을 가로막는 장애물.

5

E 폭풍

handsome 6
여자들이 돌아보는 훈남.
비 good-looking OOO

F 파이

pie 7
사과를 넣고 구운 둥근 과자.

G 거의

anytime 8
24시간 여는 편의점처럼 시간에
상관이 없는 것.

H 잘생긴

nearly 9
완성 직전의 마지막 단계.
비 almost OO

I 흔들다

shake 10
지진처럼 떨리는 진동.
비 tremble (감정적인 이유로) OO
비 shiver (추위나 공포로) OO

J 언제든지

금요일의 비밀 임무 관련 단원 41-50

대학생 지우는 local 카페에서 assistant로 일했다. 어느 Friday 오후, handsome한 남자가 들어왔다.

"커피 한 잔 주세요. 그리고 혹시 이 사진의 사람을 recognize하시나요?"

지우가 사진을 봤다. 자신의 사진이었다.

"저... 저인데요?"

남자가 미소 지었다.

"당신에게 특별한 mission을 제안하고 싶습니다."

지우는 curious했다.

"무슨 mission이죠?"

"당신이 우리 planet의 마지막 희망입니다."

처음엔 농담인 줄 알았다. 하지만 남자가 보여준 증거들은 brilliant했다. 지우에게는 지우도 몰랐던 시간을 멈출 수 있는 능력이 있었다. .

"어떻게 이게 가능하죠?"

"당신의 DNA에 특별한 요소가 있습니다. Percent로 따지면 0.001%의 사람만 가진 거죠."

남자는 자신을 '시간 수호대'의 master라고 소개했다.

"내일 Saturday, 정확히 3 o'clock에 bomb가 터질 거예요."

지우가 shock을 받았다.

"경찰에 신고해야..."

"소용없어요. enemy가 이미 내부에 있어요. 당신만이 할 수 있습니다."

그날 밤, 지우는 잠을 못 잤다. 자신이 정말 planet을 구할 수 있을까?

Saturday 아침, 지우는 airport로 갔다. Master가 말한 장소였다.

"기억하세요, 당신의 strength를 믿으세요. 시간을 멈추고, bomb 를 찾아 제거하세요."

2시 30분. 지우는 긴장했다. 손이 shake했다. 2시 45분, 사람들이 평화롭게 움직였다. 아무도 모르는 위험. 2시 55분, 지우는 집중했다.

정확히 3 o'clock, 지우는 능력을 발동했다. 모든 것이 멈췄다. 사람들, 시계, 심지어 공중의 새들까지.

지우는 desperate하게 search했다. 10분이 지났지만 아무것도 찾을 수 없었다.

"이상해... 분명히 여기라고 했는데..."

그때 이상한 것을 발견했다. 시간이 멈췄는데도 한 남자가 움직이고 있었다.

"당신은 누구죠?"

남자가 웃었다.

"나도 당신과 같은 능력자예요. 그리고 사실..."

남자가 가면을 벗었다. 카페에서 만난 master였다.

"이건 시험이었어요. 당신이 정말 capable한지 확인하는."

"뭐라고요? 그럼 bomb는?"

"Fake예요. 진짜 mission은 지금부터입니다."

지우가 화가 났다.

"사람을 이렇게 속이다니요!"

"미안합니다. Pardon하세요. 진짜 enemy는 다음 주 thanksgiving
에 나타날 예정입니다."

master가 설명했다. 시간을 조종하려는 악의 조직이 있었다. 그들
의 목표는 과거로 가서 역사를 바꾸는 것.

"우리 army는 단 7명으로 작습니다. 하지만 각자 특별한 능력이 있죠."

지우는 평범한 삶과 지구를 지키는 영웅의 삶 사이에서 고민했다.

"시간을 주세요. 생각해볼게요."

"월요일까지만요. 그 이상은 못 기다립니다."

일요일, 지우는 친구들과 만났다.

"너 요즘 이상해. 무슨 일 있어?"

친구가 물었다.

"아니야... 그냥 스트레스받아서."

그때 카페 TV에서 뉴스가 나왔다.

"어제 airport에서 이상한 현상이... 3시 정각에 모든 전자기기가 5
분간 멈췄다고..."

지우가 놀랐다. 자신의 능력이 physical한 흔적을 남긴 것이다.

집에 돌아온 지우는 closet 안에 숨겨둔 편지를 꺼냈다. 돌아가신 할머니가 남긴 것이었다. 'Someday 네게 특별한 일이 일어날 거야. 그때 이 편지를 열어봐.' 편지를 열자 놀라운 내용이 있었다.

"사랑하는 지우야, 우리 가족은 대대로 시간 수호자였단다. 네 차례가 온 것 같구나. Enemy를 조심해라. 그들은 가까운 곳에 있을 수 있어. 믿을 수 있는 사람은 오직 네 자신뿐이다.

추신: Especially Master를 조심해라. 그는 liar일 수 있다."

지우는 충격을 받았다. master가 거짓말쟁이라니?

다음 날 월요일, 지우는 master를 만났다.

"결정했어요. 하겠습니다. 하지만 조건이 있어요."

"뭔가요?"

"당신의 정체를 먼저 밝혀주세요. 진짜 신원을."

Master가 당황했다.

"제가 뭘 숨기고 있다고…"

"할머니가 경고했어요. 당신이 liar일 수 있다고."

긴 침묵이 흘렀다. 그리고 master가 차가운 미소를 지었다.

"사실 저는 당신의 능력을 뺏을 겁니다."

"당신이 속였군요. 당신의 attitude가 바뀌었어요."

"Brilliant! 역시 선택을 잘했어요. 당신은 완벽한 그릇이에요."

"그릇이라고요?"

"당신의 몸에 내 의식을 심을 거예요. 그럼 당신의 능력이 내 것이 되죠."

지우가 뒤로 물러났다.

"미쳤군요!"

"아니에요. 이건 혁명이에요. 시간을 지배하는 자가 세계를 지배하죠."

격렬한 싸움이 시작됐다. 시간이 빨라졌다 느려졌다를 반복했다.

지우는 혼란스러웠다. 하지만 할머니의 편지를 떠올렸다. *'믿을 수 있는 사람은 오직 네 자신뿐.'*

지우는 깊게 숨을 쉬고, 자신의 모든 strength를 모았다. 그리고 시간을 완전히 멈췄다. Master도 모두가 멈췄다.

"이제 알겠어. 이건 모두 시험이었어."

지우가 말하자, 한 명이 움직였다. 할머니였다.

"할머니?! 어떻게…"

"미안하구나, 지우야. 이렇게까지 해야 했어."

할머니가 설명했다. 이 모든 것이 지우를 진짜 수호자로 만들기 위한 process였다고.

"Master는 배우였어. 너의 진짜 능력을 깨우기 위한."

"왜 이렇게 복잡하게…"

"간단한 훈련으로는 안 돼. 진짜 위기를 느껴야 능력이 발현되거든."

지우는 허탈했지만, 동시에 안도했다.

"그럼 진짜 enemy는 없는 건가요?"

"아직은. 하지만 eventually 나타날 거야. 그때를 위해 준비해야 해."

그날 이후, 지우는 평범한 대학생과 시간 수호자의 삶을 살았다. 카페에서는 여전히 assistant로 일했지만, 밤에는 시간을 지키는 영웅이었다.

어느 날, 진짜 위기가 왔다. 하늘에서 거대한 storm이 몰려왔다. 시간의 storm이었다.

"이게 뭐죠?"

"진짜 enemy가 왔어. 다른 차원에서."

지우와 수호대는 마지막 전투를 준비했다. 이번에는 연습이 아니었다. 진짜였다.

"두렵나요?"

수호대가 물었다.

"네. 하지만 도망치지 않을게요. 이게 제 duty니까요."

1401 837

serve [səːrv=썰브]

제공하다[동]

Serve food. 음식을 _______________________.

1402 837

wherever [hwerévər=웨얼에벌]

어디서 ~하든지[접]

Go wherever you want. 네가 원하는 _______________________ 가라.

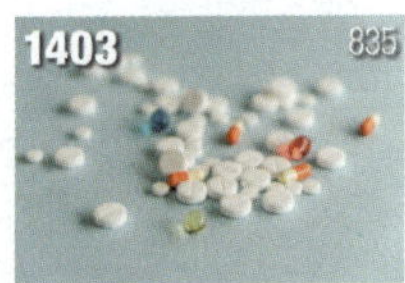

1403 835

medicine [médisn=메디쓴]

약[명]

Do you take medicine? 너는 _______________ 먹니? <영화영작>

1404 831

stage [steidʒ=스테이쥐]

무대[명] 단계[명] <sta: 서다>

on stage _______________에서

1405 830

license [láisəns=라이쎤시]

면허[명] (=licence, 영국식)

a driver's license 한 운전_______________

1406 ／ 830

weak [wiːk=위잌(ㅋ)]
약한^형

I feel weak. 나는 ＿＿＿＿＿＿＿＿＿＿ 느낀다.

1407 ／ 829

community [kəmjúːnəti=커뮤너티]
공동체^명 <com: 함께>

a local community 한 지역 ＿＿＿＿＿＿＿＿＿

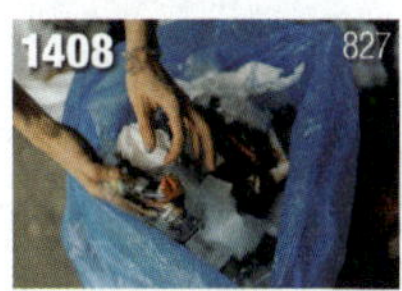

1408 ／ 827

trash [træʃ=트뤠쉬] [U]
(마른) 쓰레기^명

Take out the trash. 그 ＿＿＿＿＿＿＿＿＿＿ 버려라.

1409 ／ 826

slip [slip=슬맆(ㅍ)]
미끄러지다^동

Slip on ice. 얼음에서 ＿＿＿＿＿＿＿＿＿＿.

1410 ／ 826

cab [kæb=캡]
택시^명

Take a cab. 한 ＿＿＿＿＿＿＿＿ 타라.

serve
식당에서 음식을 나르는 것. 1

A 어디서
~하든지

wherever
지도의 모든 점이 가능한 자유. 2

B 약

medicine
아플 때 먹는 치료 물질. 3

C 제공하다

stage
사람들이 sta(서서) 연기하는 극장 공간. 4

D 면허

license
운전할 수 있게 해주는 플라스틱 카드. 5

E 무대,
단계

weak
힘이 없어서 무거운 것을 못 드는 것. 쉽게 다치거나 부서지는 것.

6

F 미끄러지다

community
com(함께) munis(의무)를 나누는 같은 지역 이웃들.

7

G 쓰레기

trash
쓸모 없어 버리는 폐기물.
⑪ garbage (음식물) OOO

8

H 택시

slip
얼음 같은 곳에서 균형을 잃는 것.

9

I 약한

cab
가는 거리만큼 돈을 내야 하는 자동차. cabriolet(2륜 마차)에서 기원한 단어.
⑪ taxi OO

10

J 공동체

awake [əwéik=어웨잌(ㅋ)]

깨어있는⟨형⟩

Stay awake. ＿＿＿＿＿＿ 있어라.

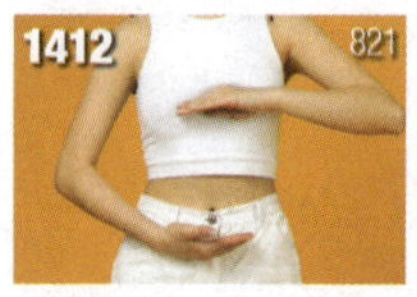

stomach [stʌ́mək=스터먹]

배⟨명⟩ 위장⟨명⟩

My stomach hurts. 나의 ＿＿＿＿＿＿ 아프다.

mystery [místəri=미스터뤼]

수수께끼⟨명⟩

Solve the mystery. 그 ＿＿＿＿＿＿＿＿＿＿ 풀어라.

regular [régjulər=뤠귤릴]

정기적인⟨형⟩ 보통의⟨형⟩

a regular schedule 한 ＿＿＿＿＿＿＿＿ 일정

contract [kántrækt=칸트뢕티]

계약⟨명⟩ 계약서⟨명⟩ <tract: 끌다>

Sign a contract. 한 ＿＿＿＿＿＿ 서명해라.

1411 깨어 **1412** 배가 **1413** 수수께끼를 **1414** 정기적인 **1415** 계약서에

1416 811 **valley** [vǽli=밸리]

계곡ⓜ

a deep valley 한 깊은 ______________

1417 809 **frankly** [frǽŋkli=프랭클리]

솔직히ⓑ

frankly speaking ______________ 말해서

1418 809 **switch** [switʃ=스위취]

전환하다ⓓ 스위치ⓜ

Switch on the light. 불을 ______________ (=켜라).

1419 807 **deny** [dinái=디나이]

부정하다ⓓ <de: 완전히>

Deny the truth. 그 진실을 ______________.

1420 807 **lifetime** [láiftàim=라이프타임]

평생ⓜ

once in a lifetime ______________ 안에서 한 번

awake
잠들지 않은 열린 눈.

1

A 계약

stomach
음식을 소화하는 몸속 주머니.

2

B 배,
위장

mystery
베일에 싸인 비밀.

3

C 깨어있는

regular
일정한 간격으로 반복되는 패턴.
또는 너무 크거나 작지 않은 크기.

4

D 정기적인,
보통의

contract
도장 찍은 법적 약속 문서. con(함
께) tract(끌어당겨) 합의하는 것.

5

E 수수께끼

valley 6
산과 산 사이의 낮은 지대.

frankly 7
숨김없이 털어놓는 진심.

switch 8
불을 켜고 끄는 전기 버튼.

deny 9
사실과 다른 것을 de(완전히) negare(아니다)라고 말하는 것.

lifetime 10
태어나서 죽을 때까지 전 생애.

F 솔직히

G 평생

H 계곡

I 전환하다, 스위치

J 부정하다

garbage [gáːrbidʒ=갈비쥐] [U]

(음식물) 쓰레기⁽명⁾

Throw out garbage ＿＿＿＿＿＿＿＿＿ 버려라.

dig [dig=딕(ㄱ)]

파다⁽동⁾

Dig a hole. 한 구멍을 ＿＿＿＿＿＿.

tear [tiər=티얼] [tɛər=테얼]

눈물⁽명⁾ 찢다⁽동⁾

Shed a tear. 한 ＿＿＿＿＿＿＿ 흘려라.

bullet [búlit=불맅]

총알⁽명⁾

a bullet wound 한 ＿＿＿＿＿＿ 상처

indeed [indíːd=인디이드]

정말로⁽부⁾

very good indeed 아주 ＿＿＿＿＿＿ 훌륭한

👁 **영어**▶한글   👂 **한글**▶영어   👁 **한글**▶영어

1426 797

particular [pərtíkjulər=펄티큘럴]

특정한[형] 특별한[형]

a particular reason 한 ______________________ 이유

1427 797

tiny [táini=타이니]

아주 작은[형]

a tiny house 한 ______________________ 집

1428 796

avoid [əvɔ́id=어보이드]

피하다[동]

He avoids watching TV. 그는 TV 보는 것을 ______________________. <생활영어>

1429 796

super [sú:pər=수펄]

대단한[형]

super fun ______________________ 재미

1430 789

harm [ha:rm=함]

해[명] 해치다[동]

Do no harm. ______________________ 끼치지 마라.

garbage
먹고 남은 악취 나는 000 000.
凹 trash 마른 쓰레기

1

A 총알

dig
땅에 구멍을 만드는 것.

2

B 정말로

tear
슬플 때 눈에서 흐르는 물방울. 또
는 종이가 두 조각이 되는 분리.

3

C 파다

bullet
총구에서 날아가는 납 조각.

4

D 눈물,
찢다

indeed
실제 deed(행동) in(안)에서 보여지
는 것 같은 확실함.

5

E 음식물 쓰레기

particular
여러 개 중 하나만 가리키는 선택.
⑩ particularly 특별히
6

F 해,
해치다

tiny
돋보기로 봐야 하는 미세함.
7

G 특정한,
특별한

avoid
장애물을 돌아가거나, 싫은 사람
을 마주치지 않는 것.
8

H 피하다

super
최고를 넘어선 초월적 능력.
9

I 대단한

harm
몸이나 마음에 상처 입히는 것.
10

J 아주 작은

54a 음악연상 / 빈칸해석

영어▶한글

fortune [fɔ́ːrtʃən=폴춴]

행운[명] 재산[명]

Fortune favors the brave. ________ 용기있는 자들에게 호의를 베푼다.

strike [straik=스트롸잌(크)]

치다[동] 파업[명]

Strike hard. 세게 ________.

insurance [inʃúərəns=인슈어뤈스]

보험[명]

I don't have a travel insurance. 나는 여행 ________ 가지지 않는다.

fancy [fǽnsi=팬씨]

공상[형] 화려한[형]

a fancy dress 한 ________ 드레스

shape [ʃeip=쉐잎(프)]

모양[명]

a heart shape 한 심장 ________

 1431 행운은 **1432** 쳐라 **1433** 보험을 **1434** 화려한 **1435** 모양

particular   6

여러 개 중 하나만 가리키는 선택.

베 particularly 특별히

F   해,
해치다

tiny   7

돋보기로 봐야 하는 미세함.

G   특정한,
특별한

avoid   8

장애물을 돌아가거나, 싫은 사람
을 마주치지 않는 것.

H   피하다

super   9

최고를 넘어선 초월적 능력.

I   대단한

harm   10

몸이나 마음에 상처 입히는 것.

J   아주 작은

1431 786

fortune [fɔ́ːrtʃən=폴춴]

행운⁽명⁾ 재산⁽명⁾

Fortune favors the brave. ＿＿＿＿＿＿＿ 용기있는 자들에게 호의를 베푼다.

1432 785

strike [straik=스트롸잌(ㅋ)]

치다⁽동⁾ 파업⁽명⁾

Strike hard. 세게 ＿＿＿＿＿＿＿.

1433 782

insurance [inʃúərəns=인슈어뤈시]

보험⁽명⁾

I don't have a travel insurance. 나는 여행 ＿＿＿＿＿＿＿ 가지지 않는다.

1434 782

fancy [fǽnsi=팬씨]

공상⁽형⁾ 화려한⁽형⁾

a fancy dress 한 ＿＿＿＿＿＿＿ 드레스

1435 779

shape [ʃeip=쉐잎(ㅍ)]

모양⁽명⁾

a heart shape 한 심장 ＿＿＿＿＿＿＿

1436   776

lift [lift=리프트]

들어 올리다 동

Lift the box. 그 상자를 ___________________.

1437   775

fashion [fǽʃən=패션]

유행 명 패션 명

a fashion show 한 ___________ 쇼

1438   775

stock [stak=스탁]

재고 명 주식 명

out of stock ___________ 없음

1439   773

chest [tʃest=췌스트]

가슴 명 상자 명

chest pain ___________ 통증

1440   773

guarantee [gæ̀rəntíː=개뤈티이]

보장하다 동 보장 명

money-back guarantee 돈을-돌려주는 (=환불) ___________

54b 퍼즐 연상

fortune — 1
fortuna(행운의 여신)이 가져다주는 대단히 좋은 무엇.

A — 치다, 파업

strike — 2
노동자들이 일을 멈춰서, 회사에게 이득을 얻어내려는 투쟁.

B — 보험

insurance — 3
사고 났을 때 보상받는 안전망.
동 insure 보험에 들다, 보험을 팔다

C — 모양

fancy — 4
평범하지 않은 호화로운 취향.

D — 행운, 재산

shape — 5
동그라미, 네모, 세모 등의 도형.

E — 공상, 화려한

lift 무거운 짐을 위로 옮기는 것.	6	**F**	재고, 주식
fashion 스타일을 만드는 옷차림.	7	**G**	보장하다
stock 창고에 쌓인 물건들. 또는 사고팔 수 있는 회사의 가치.	8	**H**	들어 올리다
chest 갈비뼈가 OO처럼 둘러싼 곳. 또는 보물 넣는 큰 나무 OO.	9	**I**	가슴, 상자
guarantee 품질을 약속하는 제조사의 도장.	10	**J**	유행, 패션

source [sɔːrs=쏠스]
원천ⓜ 출처ⓜ

water source 물의 ____________

theory [θíəri=띠어뤼]
이론ⓜ

a scientific theory 한 과학 ____________

access [ǽkses=액쎄시] [U]
접근ⓜ 이용 권한ⓜ <cess: 가다>

I have access to the library. 나는 그 도서관으로의 ____________ 가진다.

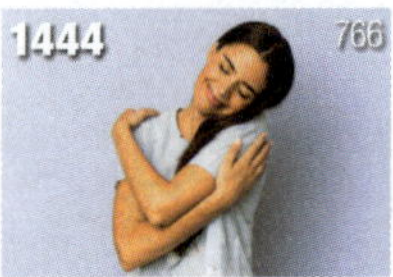

selfish [sélfiʃ=셀피쉬]
이기적인ⓐ <ish: ~같은>

Don't be selfish. ____________ 굴지 마라.

wise [waiz=와이즈]
현명한ⓐ

a wise decision 한 ____________ 결정

👁영어▶한글　　　👂한글▶영어　　　👁한글▶영어

1446 763

period [píəriəd=피어뤼엇]

기간[명] 마침표[명]

a trial period 한 체험 ______________

1447 761

freeze [friːz=프뤼이즈]

얼다[동] 얼리다[동]

freeze to death 죽을 정도까지 ______________

1448 760

exist [igzíst=이ㄱ지ㅅㅌ]

존재하다[동] <ex: 밖으로>

Does it exist? 그것은 ______________?

1449 760

noise [nɔiz=노이ㅈ]

소음[명]

He doesn't make noise. 그는 ______________ 만들지 않는다. <미드천사>

1450 759

edge [edʒ=엗쥐]

가장자리[명]

I'm on edge. 나는 ______________에 있다(=예민하다). <생활영어>

source 강물이나 정보가 시작된 곳.	**1**		**A**	현명한
theory 실험으로 증명해야 하는 과학의 가설.	**2**		**B**	이론
access ac(~로) cess(가다)할 수 있는 입장권.	**3**		**C**	원천, 출처
selfish self(나)만 생각하는 좁은 마음 ish(같은) 것.	**4**		**D**	이기적인
wise 오랜 경험이 만든 지혜로움.	**5**		**E**	접근, 이용 권한

period
시작과 끝이 있는 시간. 또는 문장 끝에 찍는 점.

6

F 소음

freeze
냉동실에 넣으면 바뀌는 상태.
⊞ melt 녹다, 녹이다

7

G 기간, 마침표

exist
ex(밖으로)에 sist(서다)해서 이 세상에 있다는 증명.

8

H 가장자리

noise
귀를 괴롭히는 시끄러운 소리.
⊞ loud 소리가 큰
⊞ quiet 조용한

9

I 얼다, 얼리다

edge
칼날처럼 날카로운 물건의 끝 부분.

10

J 존재하다

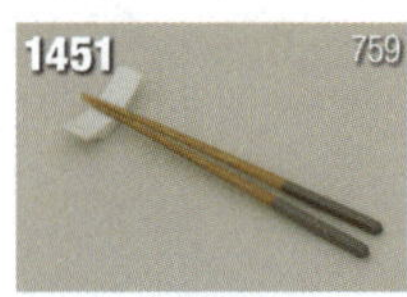

pair [pɛər=페얼]
한 쌍⒨

a **pair** of shoes 신발 ___________

stress [stres=스트뤠스]
스트레스⒨

Reduce **stress**. ___________ 줄여라.

release [rilíːs=륄리이즈]
출시하다⒟ 풀어주다⒟ <re: 다시>

Release the movie. 그 영화를 ___________.

junior [dʒúːnjər=쥬니얼]
후배⒨ 어린⒣

a **junior** member 한 ___________ 구성원

property [prápərti=프롸펄티]
재산⒨

Buy **property**. ___________ 사라.

👁영어▶한글　　👂한글▶영어　　👁한글▶영어

event [ivént=이벤트]

사건[명] 행사[명] <vent: 오다>

a big event 한 ________

battle [bǽtl=배틀]

전투[명]

He lost the battle. 그는 그 ________ 졌다.

vision [víʒən=비전]

시력[명] 비전[명]

good vision 좋은 ________

meal [miːl=미일]

식사[명]

Have a meal. 한 ________ 가져라.

fellow [félou=펠로우]

동료[명]

He's a nice fellow. 그는 한 좋은 ________.

pair
양말이나 신발 같은 두 개 세트. 1

A 재산

stress
압박감이 주는 정신적 부담. 2

B 한 쌍

release
새장에서 새를 날려보내는 해방. 3

C 출시하다,
풀어주다

junior
아래 학년이나 직급. 4

D 후배,
어린

property
소유하고 있는 모든 것. 5

E 스트레스

event 많은 사람들의 특별한 모임.	6	**F** 시력, 비전
battle 군대끼리 싸우는 전쟁.	7	**G** 전투
vision 현재 꿈꾸는 미래의 큰 그림. 또는 눈으로 볼 수 있는 범위.	8	**H** 동료
meal 살기 위해 먹는 한 끼 분량의 음식.	9	**I** 식사
fellow 같이 일하는 직장 OO.	10	**J** 사건, 행사

honeymoon [hʌ́nimuːn=허니문]

신혼여행㈎

Go on a honeymoon. _________________ 가라.

dawn [dɔːn=던]

새벽㈎

at dawn _________________ 에

Chinese [tʃàiníːz=촤이니이즈]

중국의㈖ 중국어㈎

Chinese food _________________ 음식

photo [fóutou=포우토우]

사진㈎ (=photograph)

Send me the photos. 그 _________________ 나에게 보내라. <생활영어>

whom [huːm=훔]

누구를㈐

To whom it may concern. 그것이 관련된 _________________ 에게. <이메일 첫 문장>

pocket [pɑ́kit=파킽]

주머니®

in your pocket 너의 _______________ 안에

ignore [ignɔ́ːr=이그노얼]

무시하다® <gnor: 알다>

Ignore the message. 그 메시지를 _______________.

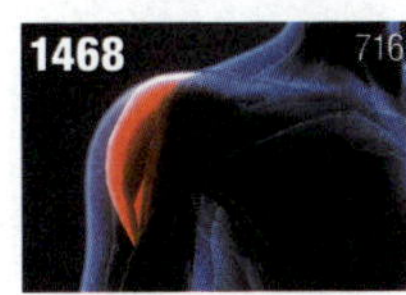

shoulder [ʃóuldər=쇼울덜]

어깨®

broad shoulder 넓은 _______________

garage [gərɑ́ːʒ=거롸쥐]

차고®

in the garage 그 _______________ 안에

success [səksés=썩쎄시]

성공® <cess: 가다>

Success doesn't make happiness. _______________ 행복을 만들지 않는다.

honeymoon 1
결혼 후 떠나는 honey(꿀)같은 moon(한 달)의 여행.

dawn 2
해가 뜨기 직전 밝아지는 시기.

Chinese 3
북한에 붙어 있는 나라의 언어. 또는 그 나라 사람.

photo 4
카메라로 찍은 순간의 기록.

whom 5
편지나 공문서에 누군가를 '목적어'로 쓰고 싶을 때.

A 사진

B 신혼여행

C 중국의, 중국어

D 누구를

E 새벽

pocket 6
바지나 재킷에 달린 작은 주머니.

F 어깨

ignore 7
보고도 gnor(알지) in(않다)하며, 못
본 척하는 차가운 외면.

G 차고

shoulder 8
팔과 몸통을 잇는 관절.

H 주머니

garage 9
자동차가 자는 집의 방.

I 무시하다

success 10
노력을 쌓아 suc(아래로) cess(가다)
한 결과.

J 성공

1471 · 707

crack [kræk=ㅋ랙]

금[명] 깨지다[동]

I saw the ice **cracking**. 나는 그 얼음이 ________________ 봤다. <독해비급>

1472 · 707

rude [ruːd=루디]

무례한[형]

rude behavior ________________ 행동

1473 · 703

re**main** [riméin=뤼메인]

남다[동] 남아있다[동] <main: 머물다>

Remain calm. 침착하게 ________________.

1474 · 701

meantime [míːntàim=미인타임]

그동안[명]

in the **meantime** 그 ________________에

1475 · 700

chase [ʧeis=췌이씨]

쫓아가다[동]

Chase the thief. 그 도둑을 ________________.

👁영어▶한글 👂한글▶영어 👁한글▶영어

1476 699

cast [kæst=캐ㅅㅌ]

던지다[동] 배역[명] 깁스[명]

Cast a vote. 한 표를 ________________.

1477 697

hug [hʌg=헉(ㄱ)]

껴안다[동] 껴안기[명]

I like warm hugs. 나는 따뜻한 ________________ 좋아한다. <영화영작>

1478 696

concentrate [kánsntrèit=칸쓴ㅌ뤠잍]

집중하다[동] <con: 함께>

Concentrate on your studies. 너의 공부에 ________________.

1479 695

throat [θrout=뜨로웉(ㅌ)]

목[명] 목구멍[명]

I have a sore throat. 나는 한 아픈 ________________ 가진다. <생활영어>

1480 694

intend [inténd=인텐ㄷ]

의도하다[동] <tend: 뻗다>

I intend to go. 나는 가는 것을 ________________. (=가려고 한다)

crack 유리에 생긴 금 간 선.	1	A	쫓아가다
rude 예의 없는 거친 행동.	2	B	금, 깨지다
remain 다 먹고 접시에 OO 음식 조각.	3	C	남다, 남아있다
meantime 동시에 일어나고 있는 다른 편의 상황. ⊞ meanwhile OOO	4	D	그동안
chase 경찰이 도둑을 잡기 위해 OO 것.	5	E	무례한

cast
무언가를 딱 맞게 내보내는 것. 석고 틀에 OO를 부어 만들거나, 영화의 이야기에 맞게 사람을 내보내는 것.

6

F 집중하다

hug
두 팔로 꼭 안는 따뜻한 인사.

7

G 껴안다

concentrate
con(함께) centrum(중심)으로 모든 신경을 모으는 것.

8

H 목,
목구멍

throat
음식이 들어가고, 목소리가 나오는 통로.

9

I 던지다,
배역,
깁스

intend
일부러 계획한 행동.

10

J 의도하다

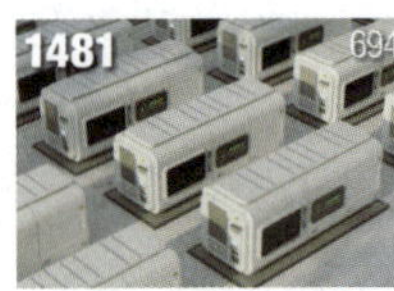

1481 694

unit [júːnit=유닡]

(하나의) 단위⁽명⁾ 개⁽명⁾ <uni: 하나>

one unit 한 _____________

1482 692

midnight [mídnàit=믿(ㄷ)나잍]

자정⁽명⁾

past midnight _____________ 넘어서

1483 691

interrupt [ìntərʌ́pt=인터뤞트]

방해하다⁽동⁾ <inter: 사이에>

I'm sorry to interrupt. 나는 (당신을) _____________ 미안하다. <생활영어>

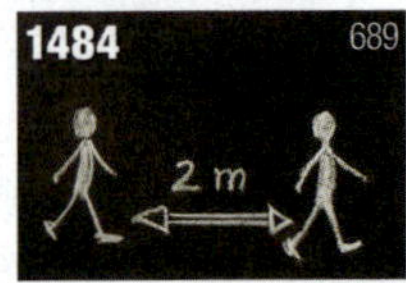

1484 689

distance [dístəns=디스턴스]

거리⁽명⁾ <dis=away 떨어트려 제거하다>

a long distance 한 먼 _____________

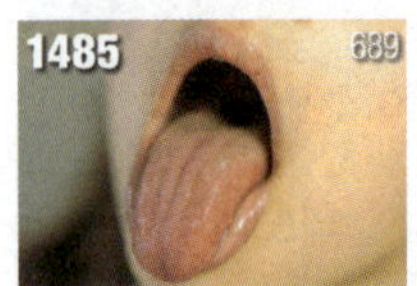

1485 689

tongue [tʌŋ=텅]

혀⁽명⁾

Bite your tongue. 네 _____________ 깨물어라.

1486　687

sentence [séntəns=쎈턴스]

문장®

Write a sentence. 한 ＿＿＿＿＿＿＿＿＿ 써라.

1487　687

purse [pəːrs=펄스]

(여성용) 지갑® 손가방®

I lost my purse. 나는 나의 ＿＿＿＿＿＿＿＿ 잃었다.

1488　685

towards [tɔwɔ́ːrdz=토월즈]

~쪽으로® (=toward)

Go towards home. 집 ＿＿＿＿＿＿＿＿＿ 가라.

1489　685

mirror [mírər=미럴]

거울®

in the mirror 그 ＿＿＿＿＿＿ 안에서

1490　685

repeat [ripíːt=뤼피잍(트)]

반복하다® <re: 다시>

Repeat the word. 그 단어를 ＿＿＿＿＿＿＿＿＿＿.

unit 1
하나를 나타내는 OO.

A 자정

midnight 2
신데렐라가 도망가는 시간이자
하루가 바뀌는 경계선.

B 방해하다

interrupt 3
말하는 중에 inter(사이에)로 끼어
들어서 rupt(부수다)하는 것.

C 거리

distance 4
여기서 저기까지의 길이.
어원 dis(떨어트리다) + stance(서다)

D 혀

tongue 5
맛을 느끼는 입 안의 근육.

E 단위,
개

sentence
마침표로 끝나는 완성된 문구.

6

F 반복하다

purse
영국에서는 돈과 카드 등을 넣는 작은 여성용 OO. 미국에서는 여성용 OOO.
몐 wallet OO

7

G 문장

towards
to는 목적지에 '도달'까지 의미한다면, towards는 목적지를 향한 '방향'만을 의미한다.

8

H ~쪽으로

mirror
내 모습을 비추는 반사 유리.

9

I 거울

repeat
했던 말이나 행동을 또 하는 것.

10

J 지갑,
손가방

영어 ▶ 한글

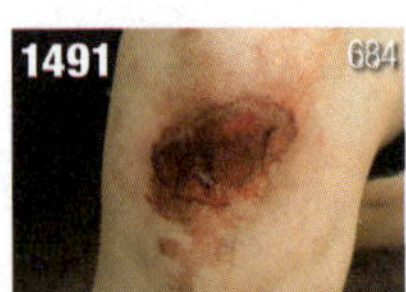

1491 684

wound [wuːnd=운드]
상처 명

Time heals all wounds. 시간은 모든 __________ 치료한다. <생활영어>

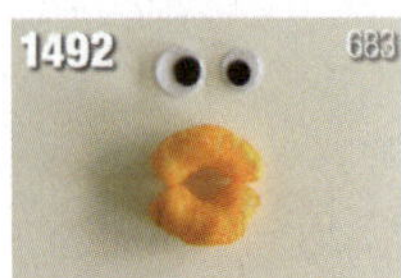

1492 683

odd [ad=아드]
이상한 형 홀수인 형

This was odd. 이것은 ____________________________. <앨리스 영화영어>

1493 681

magazine [mǽgəzìːn=매거지인]
잡지 명

Read a magazine. 한 __________________ 읽어라.

1494 675

awesome [ɔ́ːsəm=어썸]
굉장한 형

You're awesome! 너는 정말 __________________________!

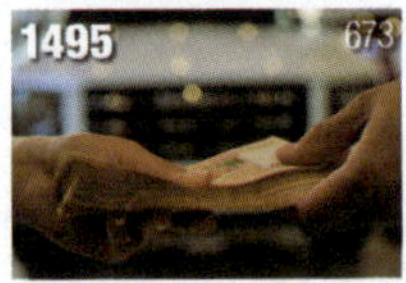

1495 673

expensive [ikspénsiv=익스펜씹(ㅂ)]
비싼 형

an expensive car 한 ______________ 차

1496 671

square [skwɛər=스퀘얼]

정사각형⟨명⟩ 광장⟨명⟩

a main square 한 중앙 _______________

1497 669

plate [pleit=플레잍(ㅌ)]

접시⟨명⟩

Break a plate. 한 _______________ 깨라.

1498 669

shift [ʃift=쉬프트]

이동하다⟨동⟩ 전환하다⟨동⟩ 교대⟨명⟩

I have the night shift. 나는 야간 _________ (=근무자) 가진다. <생활영어>

1499 666

male [meil=메일]

남성의⟨형⟩ 남성⟨명⟩

a male voice 한 _______________ 목소리

1500 664

tour [tuər=투얼]

여행⟨명⟩ 여행하다⟨동⟩

Take a tour. 한 _______________ 가져가라.

wound   **1**
몸이나 마음에 있는 부상.

A   이상한, 홀수인

odd   **2**
2로 나누어 떨어지지 않는 수. 또는 평범하지 않은 특이함.
🈫 even 짝수인

B   상처

magazine   **3**
매달 나오는 화보 책.

C   굉장한

awesome   **4**
awe(경외감)이 생길 정도의 놀라움.

D   비싼

expensive   **5**
구입하면 지갑이 텅 비는 높은 가격.

E   잡지

square 6
네 변의 길이와 각이 같은 도형.
혹은 대략 그런 모양의 넓은 공터.

F 남성의

plate 7
음식을 담는 납작한 그릇.

G 정사각형,
광장

shift 8
자세나 입장이 크게 바뀌는 것.

H 접시

male 9
인간 수컷을 뜻하는 말.
🔄 female 여성

I 여행,
여행하다

tour 10
이동하며 명소를 둘러보는 것.

J 이동하다,
전환하다,
교대

하루의 가격

63세 종희는 jealous할 것 없이 살았다. 사업과 부동산 투자로 모은 자산은 1700억. 서울 성북동 200평 저택에는 35년을 함께한 아내 미영과 세 명의 자녀가 있었고, garage에는 다섯 대의 수입차가 줄지어 서 있었다. 누가 봐도 success한 인생이었다.

그는 일이 너무 재미있었다. dawn같이 출근해서 밤늦게 퇴근하고, 주말에도 사업 파트너들과 골프를 쳤다.

"여보, 우리 이번 주말에는 같이 저녁이라도…"

아내가 몇 번이나 손을 내밀었지만, 그때마다 그는 바쁘다는 excuse로 외면했다. 언젠가 시간이 나면, 은퇴하면, 그때 가족들과 함께하면 되지 않겠나 생각했다. 시간은 forever 자기 편일 거라 믿었다.

그날 겨울 dawn은 유난히 추웠다. 종희는 여느 때처럼 아침 6 o'clock에 눈을 떴다. 오늘 할 일을 brain속으로 sort했다. 오전 10시 이사회, 오후 2시 신규 프로젝트 미팅, 저녁에는 은행장과의 meal.

아내는 이미 일어나 부엌에서 아침을 준비하고 있었다.

"오늘 저녁은 집에서 먹어요. 민수가 오랜만에 온다고 했어요."

"응, 알겠어. 근데 오늘 약속이 있어서…"

"또요?"

아내의 한숨 섞인 말에 그는 대답 instead 죽을 떠먹었다. 미안하다는 말은 throat에서 맴돌다 결국 나오지 않았다.

회사로 향하는 길, 겨울 아침 햇살이 차창을 비췄다. 운전기사 김 기사가 조심스럽게 물었다.

"회장님, 요즘 안색이 안 좋아 보이십니다. 건강검진 받으신 지 오래 되지 않으셨습니까?"

"괜찮아. 좀 피곤해서 그래."

그 sudden moment였다. Chest가 쥐어짜는 듯한 pain이 밀려왔다. 마치 누군가 심장을 손으로 움켜쥐고 비트는 것 같았다. breathe를 쉴 수가 없었다. 식은땀이 등줄기를 타고 흘러내렸다.

"회장님? 회장님!"

김 기사의 desperate한 목소리가 점점 멀어져 갔다. vision이 흐려지고, 세상이 천천히 어두워졌다. 마지막으로 떠오른 것은 오늘 아침 아내의 얼굴이었다. 왜 그때 미안하다고 말하지 못했을까.

종희는 strange한 공간에 서 있었다. 어둡지도, 밝지도 않은 회색빛 세계였다. 발아래도 머리 위도 끝이 보이지 않는 무한한 공간. 그는 himself가 죽었다는 것을 직감적으로 realize했다.

"삶에 미련은 없는가."

어디선가 목소리가 hear됐다. 돌아보니 빛으로 이루어진 존재가 서 있었다. 형체는 불분명했지만, 거대한 날개 같은 것이 희미하게 보였다.

종희는 잠시 생각했다. 사업은 충분히 success했다. 원하는 것은

다 이뤘다. 돈도, honor도, social적 지위도. 하지만.

"가족에게... 인사도 못 했습니다."

그 말이 입 밖으로 나오자 tear가 흘렀다. 63년을 살면서 거의 울지 않았던 그가, 이제야 울었다.

"아내에게 미안하다고 말하고 싶습니다. 아이들에게 사랑한다고 말하고 싶습니다. 손주들 손이라도 한 번 더 잡아보고 싶습니다. 1년만... 1년만 더 살게 해주실 수 없습니까?"

angel은 한동안 침묵했다. 그리고 천천히 입을 열었다.

"그것은 심근경색으로 죽은 others와 fair하지 않다. 너와 같은 날, 같은 병으로 스러진 이들이 수백 명이다. 그들 역시 가족에게 인사하고 싶었을 것이다. 왜 유독 너에게만 기회를 주어야 하는가."

종희는 할 말이 없었다. angel의 말이 correct했다. himself만 special할 reason이 없었다.

"하지만. 방법이 아주 없는 것은 아니다. 네가 가진 whole 재산을 기부한다면, 1년의 시간을 주겠다."

1700억이 없으면 아내와 자식들은 어떻게 살까. 200평 집에서 나가 작은 아파트로 이사해야 할 것이다. 자녀들이 물려받을 회사도 사라질 것이다. 손주들이 다니는 국제학교 학비는? 해외여행은? 그동안 누렸던 whole 것을 포기해야 한다.

반면에, himself과 함께하는 1년의 추억이 1700억보다 worth 있다고 가족들이 생각할까? Frankly 자신 없었다. 아이들은 이미 어른이 됐고, 각자의 삶이 있다. 그가 없어도 잘 살 것이다. Rather 1700억이 있는 편이 그들에게 더 도움이 되지 않을까.

그는 협상가였다. 수십 년간 수많은 deal을 성사시켜왔다. 이 angel도 다르지 않을 것이다.

"1000억을 드리겠습니다. 그 instead 6개월만 살게 해주십시오."

"impossible하다."

"1200억이면 어떻습니까?"

angel은 고개를 저었다.

몇 번의 협상 끝에 종희는 결국 1680억을 기부하고 한 달을 더 살기로 했다. remain하는 것은 20억. 그래도 다행이었다. 20억이면 부동산이나 소규모 사업을 할 정도는 된다. 자식들에게 종잣돈은 leave해줄 수 있다.

"contract는 성립됐다. 한 달 뒤 너는 다시 이곳으로 오게 될 것이다. 그리고 promise를 지키지 않으면 대가가 따른다는 것을 명심해라."

angel의 모습이 사라지고, 종희는 다시 어둠 속으로 빠져들었다.

"비-입! 비-입! 비-입!"

심전도 모니터가 다시 울리기 시작했다.

"심장이 뛰고 있어요! 자발 순환 회복됐습니다!"

medical진이 술렁였다. 30 minute 넘게 멈춰있던 심장이 스스로 다시 뛰기 시작한 것이다. 의학적으로 explain할 수 없는 일이었다.

종희가 눈을 떴을 때, 가장 먼저 보인 것은 아내의 얼굴이었다. tear 와 콧물이 범벅이 된 채, still 그녀는 웃고 있었다.

"미안해, 진작 말했어야 했는데."

그가 처음으로 한 말이었다.

remain한 한 달이 시작됐다.

종희는 퇴원하자마자 회사 일을 whole 내려놓았다. lifetime 일밖에 모르던 person이 sudden하게 변하니 가족들은 처음에 당황했다.

"아버지, 괜찮으세요? 병원에서 무슨 일이라도..."

"괜찮다. 그냥... 이제 좀 rest하고 싶구나."

첫째 주, 그는 아내와 제주도로 여행을 떠났다. 결혼 35년 만에 처음으로 둘만의 tour였다. 올레길을 걸으며 그동안 하지 못했던 이야기를 share했다.

"여보, 나 without도 잘 살 수 있지?"

"당신 without 어떻게 살아요. 바보같이."

미영은 남편의 손을 꼭 잡았다.

둘째 주에는 whole 가족이 모여 영화를 보러 갔다. 영화관에서 가족끼리 영화를 본 것이 언제였는지 nobody 기억하지 못했다. 팝콘을

share하고, laugh하고, sometimes tear도 흘렸다.

셋째 주, 그는 손주들과 시간을 spend했다. 그는 손주들에게 이야기를 들려줬다. 그가 어떻게 맨손에서 시작해 여기까지 왔는지, 돈을 어떻게 벌고 어떻게 manage해야 하는지, 그리고 무엇보다 중요한 것은 돈이 아니라 곁에 있는 person들이라는 것을.

넷째 주가 다가오자 종희는 nervous해지기 시작했다. 기부를 해야 했다. 하지만 막상 1680억을 내놓으려니 아까웠다. 설마 real로 죽겠어? 심장은 잘 뛰고 있고, 몸 상태도 좋아졌다. Perhaps angel을 만난 것도 수술 중 brain이 만들어낸 환각이었는지도 모른다. '조금만 더 미루자. 다음 달에 기부해도 늦지 않을 거야.'

그러나 그날 midnight, 전화벨이 울렸다. 불길한 예감이 스쳤다.

"아버지! 아버지, 형이..."

막내 민수의 목소리가 shake하고 있었다.

"준혁이가 쓰러졌어요. 심근경색이래요!"

종희는 그 자리에 주저앉았다. angel의 목소리가 귓가에 맴돌았다. 'promise를 지키지 않으면 대가가 따른다.' 자기 instead 아들이었다. himself의 욕심이 아들의 목숨을 threat하고 있었다.

준혁은 다행히 survive했다. 젊은 나이 덕분에 수술이 success했고, 중환자실에서 빠르게 회복했다. 하지만 종희는 aware했다. 이것이 마지막 warn이라는 것을.

다음 날 아침, 그는 가족들을 whole 모았다.

"내가 죽었다가 survive한 거 알지."

가족들이 고개를 끄덕였다.

"그때 strange한 experience을 했다."

그는 angel을 만난 이야기를 들려줬다. 처음에는 nobody 믿지 않는 눈치였다. 미신 같은 이야기라고 생각하는 것 같았다. 하지만 그가 준혁의 심근경색 이야기를 꺼내자 mood가 달라졌다.

"믿기 어렵겠지만, truth다. 그리고 나는 promise를 지켜야 해. 1680억을 기부할 거다."

"당신이 결정한 거라면 follow할게요. 돈보다 당신이 더 소중해요. 20억이면 충분해요. 아니, 돈이 없어도 괜찮아요."

"아버지, 저도 찬성합니다. 회사는 제가 다시 키우면 돼요."

종희는 그제야 realize했다. 걱정했던 것과 달리, 가족들에게 중요한 것은 돈이 아니었다. 그가 곁에 있는 것만으로 충분했다.

기부는 조용히 이뤄졌다. 소외계층 아동을 위한 장학재단, 심장병 research 재단, 노인 복지시설, 환경 protect 단체. 그가 lifetime 모은 돈은 세상 곳곳으로 흩어져 새로운 생명을 얻었다.

기부 소식을 hear한 person들은 surprise했다. 재벌이 whole 재산의 99 percent를 기부하다니. 언론에서는 온갖 추측을 쏟아냈지만, 종희는 아무 말도 하지 않았다. 그저 remain한 시간을 가족과 함께 spend할 뿐이었다.

한 달이 끝나가던 날, 그는 아내와 함께 정원에 앉아 있었다. 겨울 해가 짧아 어느새 노을이 지고 있었다.

"Honey, 고마워."

"뭐가요?"

"35년 동안 내 곁에 있어줘서. 내가 lot 부족했는데."

"당신도 고마워요. 마지막 한 달이… real 행복했어요."

미영이 조용히 tear를 흘렸다. Herself도 aware하고 있었다. 남편에게 remain한 시간이 얼마 없다는 것을.

"울지 마. 나 행복하게 가는 거야."

그날 밤, 종희는 asleep했다. 그리고 다시 눈을 뜨지 않았다.

장례식에는 thousand 명이 찾아왔다. 아들 준혁이 speech를 했다.

"아버지는 마지막 한 달 동안 lifetime보다 더 lot 것을 leave하셨습니다. 돈이 아니라, 사랑을. 시간이 아니라, 추억을. 저는 그 한 달을 forever 잊지 못할 것입니다."

자동암기 중등 영단어 700에서 계속됩니다.

알파벳 순서 단어 찾기

감사드립니다.

이 책이 나오게 해주신 여호와께, 예수님께 감사드립니다.

또 그 아들 솔로몬에게 이르되 너는 강하고 담대하게 이 일을 행하고 두려워 말며 놀라지 말라 네가 여호와의 전 역사의 모든 일을 마칠 동안에 여호와 하나님 나의 하나님이 너와 함께 하사 네게서 떠나지 아니하시고 너를 버리지 아니하시리라 <역대상 28:20>

저를 가르쳐주신 선생님들께, 독자분들께 감사드립니다.

더 쉽고 즐겁게 영어를 배울 수 있도록 노력하겠습니다. 영어 외에도 제가 힘이 될 수 있는 것은 무엇이든 돕겠습니다. 모든 사람들이 인간다운 삶을 살 수 있도록, 모든 동물들이 기본적인 욕구는 충족할 수 있도록 노력하겠습니다.

자동암기 중등 영단어 600

1판1쇄　2026년 1월 14일

지은이　Mike Hwang

발행처　Miklish
전화　010-4718-1329
홈페이지　miklish.com
e-mail　iminia@naver.com
ISBN　979-11-87158-77-6

1 com (= con): 함께

교육부 어휘 빈도 : 106회

com- / con-은 주로 함께(together)를 뜻하며, 종종 완전히(thoroughly)를 뜻하기도 한다.

company [kʌ́mpəni=컴퍼니]
회사명 동료명

com(함께) + pan(빵): 함께 빵을 나누는 사람들

computer [kəmpjúːtər=컴퓨털]
컴퓨터명

com(함께) + pute(계산하다) + er(기구, 사람): 계산기가 발전하여 컴퓨터가 됐다.

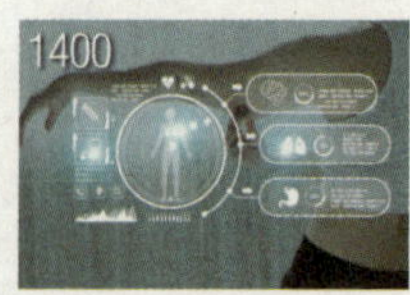

condition [kəndíʃən=컨디션]
조건명 상태명

con(함께) + dit(말하다): 함께 말해서 정한 것.

자동암기

 음원 듣기    영상 보기

초등/중등 수준 단어

comfortable 편안한 comfort 위로하다 complete 완성하다 common 흔한, 공통의
community 공동체 command 명령 committee 위원회 compare 비교하다
complex 복잡한 complain 불평하다 communication 소통 concern 걱정
congratulate 축하하다 consider 고려하다 convince 설득하다 conversation 대화
connection 연결 contact 연락하다 continue 계속하다 contract 계약
concentrate 집중하다 concert 콘서트 contest 대회 concept 개념

고등 수준 단어

compromise 타협하다 compete 경쟁하다 combat 전투 compound 화합물
confess 고백하다 construction 건설 congress 의회 conduct 수행하다 consent 동의

2 re: 다시

re-는 주로 다시(again)를 뜻하며, 종종 뒤로(back)을 뜻하기도 한다.

repeat [ripíːt=뤼피잍(ㅌ)]

반복하다⑧

re(다시) + pete(추구하다): 다시 추구하면서 반복하는 것.

remind [rimáind=뤼마인드]

상기시키다(=생각나게 하다)⑧

re(다시) + mind(마음): 마음에 다시 떠올리며 상기시키는 것.

return [ritɔ́ːrn=뤼털언]

돌아오다⑧ 돌려주다⑧

re(뒤로) + turn(돌다): 뒤로 돌아서 돌아오거나 돌려주는 것.

자동암기

🎧 음원 듣기 　　　👁 영상 보기 

초등/중등 수준 단어

recreation 오락 record 기록, 녹음하다 relax 휴식하다 respect 존경 report 보고하다
research 연구 release 출시하다, 풀어주다 remain 남다 repeat 반복하다 refuse 거절하다
request 요청 remove 제거하다 review 검토, 복습하다 react 반응하다 replace 교체하다
result 결과 respond 응답하다 recommend 추천하다 recover 회복하다 receive 받다
require 요구하다 repair 수리하다 reply 대답하다 recycle 재활용하다

고등 수준 단어

regret 후회하다 revenge 복수 rescue 구조하다 recall 회상하다 reward 보상
reverse 반대로 하다 resume 재개하다, 이력서 restore 복원하다 retreat 후퇴하다
reform 개혁하다 recruit 모집하다 revive 되살리다 remedy 치료법 revise 수정하다

3 de: 아래로

de-는 주로 아래로(down)을 뜻하지만, 완전히(completely)나 떨어져서 (away)로도 쓴다.

depend [dɪpénd=디펜드]

의존하다⑧ 달려있다⑧

de(아래로) + pend(매달리다): 누군가에게 아래로 매달려서 의존하다.

depress [dɪprés=디프뤠스]

우울하게 하다⑧

de(아래로) + press(누르다): 아래로 눌러서 우울하게 만든다.

destroy [dɪstrɔ́ɪ=디스트로이]

파괴하다⑧

de(아래로) + stroy(쌓다): 아래로(반대로) 쌓아서 파괴하다.

자동암기

🔊 음원 듣기 　　　👁 영상 보기 

초등/중등 수준 단어

decide 결정하다　design 디자인, 설계하다　deserve 받을 자격이 있다　defense 방어, 변호
deny 부정하다　deliver 배달하다　describe 묘사하다　demand 요구하다　debate 토론하다
delay 지연시키다　develop 개발하다, 성장하다　determine 결정하다　define 정의하다
definite 확실한　detect 탐지하다　delight 기쁨　demonstrate 보여주다

고등 수준 단어

defend 방어하다　description 설명　defendant 피고인　deposit 예금, 보증금　deficit 적자
defeat 패배시키다　declare 선언하닸　destruct 파괴하다　dedicate 헌신하닸
deprive 박탈하다　delete 삭제하다　decline 감소하다, 거절하다　deficiency 결핍
decay 썩다　depart 출발하다　descend 내려가다　detach 분리하다　decrease 감소하다

4 in(=il, im, ir): **안에, 아니다**

교육부 어휘 빈도: **50회**

in-은 주로 안에(in)을 뜻하지만, 종종 아니다(not)를 뜻하기도 한다. 다만 형태가, l 앞에서는 il로, b/m/p 앞에서는 im으로, r앞에서는 ir로 변한다.

intend [inténd=인텐드]
의도하다[동]

in(안에) + tend(뻗다): 마음 안으로 뻗어 의도한 행동.

informal [infɔ́ːrməl=인폴멀]
비격식적인[형]

in(아니다) + formal(격식적인)

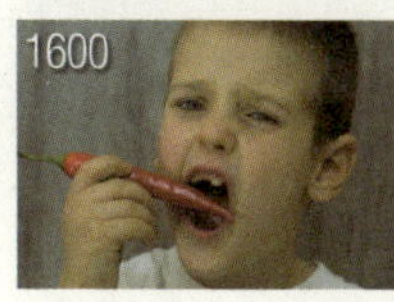

impossible [impásəbl=임파써블]
불가능한⑲

im(아니다) + possible(가능한)

자동암기

👂 **음원 듣기** 　　👁 **영상 보기** 

초등/중등 수준 단어
innocent 무죄의, 순수한 **in**dependent 독립적인 **in**fluence 영향 **in**tense 강렬한
include 포함하다 **in**volve 포함하다, 관련되다 **in**dicate 나타내다 **in**crease 증가하다
income 수입 **in**vest 투자하다 **in**vent 발명하다 **in**spect 검사하다 **in**struct 지시하다
injure 다치게 하다 **im**press 감동시키다 **im**mediate 즉각적인

고등 수준 단어
incredible 믿을 수 없는 **in**evitable 불가피한 **in**herent 내재된 **in**spire 영감을 주다
invade 침략하다 **in**stall 설치하다 **in**ject 주입하다 **in**fect 감염시키다 **in**sert 삽입하다
induce 유도하다 **in**corporate 통합하다 **in**quire 문의하다 **in**habit 거주하다 **il**legal 불법의
immune 면역의 **im**migrate 이민 오다 **im**port 수입하다 **ir**ritate 짜증나게 하다

5 ex: 밖으로

ex-는 주로 '밖으로(out)'를 뜻한다. 드물게 완전히(completely)를 뜻하기도 한다.

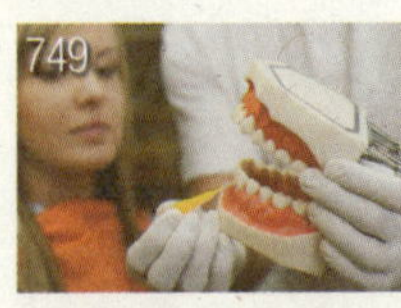

example [igzǽmpl=이그잼플]

예시⁽명⁾

ex(밖으로) + ample(가져가다): 여러 개중 밖으로 꺼낸 하나.

excuse [ikskjúːz=익스큐즈]

용서하다⁽동⁾ 변명⁽명⁾

ex(밖으로) + cuse(원인, 비난): 잘못에서 밖으로 나가게 해주는 것.

expect [ikspékt=익스펙트]

기대하다⁽동⁾

ex(밖으로) + pect(보다): 밖을 보며 다가올 것을 생각하는 것.

자동암기

 음원 듣기

 영상 보기

초등/중등 수준 단어

exactly 정확히 exercise 운동, 연습하다 explain 설명하다 except ~을 제외하고
experience 경험 exist 존재하다 expensive 비싼 expert 전문가 exchange 교환하다
express 표현하다 exit 출구 experiment 실험 expose 드러내다, 노출하다 expense 비용
examine 조사하다, 검사하다 extend 연장하다 expand 확장하다 excite 흥분시키다

고등 수준 단어

excellent 훌륭한 executive 경영자, 행정의 explode 폭발하다 explore 탐험하다
exclusive 독점적인, 배타적인 exhibit 전시하다 expertise 전문 지식 extent 정도, 범위
extract 추출하다 excess 과잉 exaggerate 과장하다 extinct 멸종된 export 수출하다
explicit 명시적인 exceed 초과하다 exclude 제외하다 excel 뛰어나다

6 pro: 앞으로

pro-는 앞으로(forward)를 뜻한다.

project [prádʒekt=프라젝트]

계획된 일⁽명⁾

pro(앞으로) + ject(던지다): 앞으로 계획을 던지며 해나가는 일.

program [próugræm=프뤄우ㄱ뢤]

프로그램⁽명⁾

pro(앞에) + gram(쓰다): 앞에 미리 써놓은 작동 순서.

process [práses=프라쎄시]

과정⁽명⁾

pro(앞에) + cess(가다): 앞으로 나아가는 진행.

자동암기

🎧 음원 듣기 　　　👁 영상 보기 

초등/중등 수준 단어

promise 약속하다　protect 보호하다　property 재산　progress 진전, 발전
procedure 절차　propose 제안하다, 청혼하다　provide 제공하다　proceed 진행하다
produce 생산하다　protest 항의하다　profession 직업　pronounce 발음하다
promote 촉진하다　pronunciation 발음

고등 수준 단어

professor 교수　profile 프로필, 윤곽　proportion 비율　provoke 자극하다, 유발하다
profound 심오한　prospect 전망　prominent 저명한　prompt 즉각적인, 촉구하다
province 지방, 주　prohibit 금지하다　prosper 번영하다

7 dis: 아니다

dis-는 주로 '아니다(not)'를 뜻한다. 종종 분리(apart)/제거(removal)를 의미하기도 한다.

disappear [dìsəpíər=디써피얼]

사라지다ⓧ

dis(아니다) + appear(나타나다)

discount [dískàunt=디스카운트]

할인하다ⓧ

dis(아니다) + count(계산하다): 값을 계산하지 않은 만큼 얻는 것.

discover [diskʌ́vər=디스커벌]

발견하다ⓧ

dis(제거) + cover(덮다): 덮여진 것을 제거하면 보이는 안에 있는 것.

자동암기

◉ 음원 듣기 　　◉ 영상 보기 

초등/중등 수준 단어

disagree 동의하지 않다　disclose 공개하다　displace 이동시키다, 대체하다
disappoint 실망시키다　display 전시하다　disorder 혼란　disgust 역겨움
disabled 장애가 있는　disadvantage 불리함　discharge 배출하다

고등 수준 단어

distract 산만하게 하다　dismiss 해고하다, 묵살하다　dispute 논쟁
dispose 처리하다, 배치하다　disrupt 방해하다　discourage 낙담시키다
discriminate 차별하다

8 en(=em): 만들다

교육부 어휘 빈도: 14회

en- / em-은 주로 '만들다(make)'를 뜻하며, 단어를 동사로 만든다. 드물게 안에(in)를 뜻할 수도 있다(enclose 동봉하다, emphasis 강조 등).

enjoy [indʒɔ́i=인죠이]
즐기다 ⑧

en(만들다) + joy(기쁨): 즐기기 때문에 기쁨을 만드는 것.

ensure [inʃúər=인슈얼]
보장하다 ⑧

en(만들다) + sure(확실한): 갈팡질팡한 마음을 확실하게 만드는 것.

embody [imbádi=임바디]
구현하다 ⑧

em(만들다) + body(몸): 생각이 몸을 갖게 만드는 것.

자동암기

🎧 음원 듣기 　　👁 영상 보기 

초등/중등 수준 단어
enclose 동봉하다　engage 관련시키다　enroll 등록하다　enforce 시행하다
entitle 자격을 주다　employ 고용하다　embarrass 당황하게 하다

고등 수준 단어
enhance 향상시키다　embrace 포옹하다, 수용하다　emphasis 강조

9 sub: 아래에

교육부 어휘 빈도: **11회**

sub-는 '아래에(under)'를 뜻한다.

subway [sʌ́bwèi=썹웨이]

지하철^명

sub(아래) + way(길): 땅 아래로 난 길 속에 있는 교통수단.

subject [sʌ́bʤekt=썹젝트]

과목^명 주제^명

sub(아래) + ject(던지다): 아래에 던져진 다뤄야 할 주제.

subscribe [sʌbskráɪb=썹스크롸이브]

구독하다^동

sub(아래) + scribe(쓰다): 문서 아래에 이름을 써서 구독에 동의하는 것.

자동암기

🎧 음원 듣기    👁 영상 보기 

초등/중등 수준 단어
subjective 주관적인

고등 수준 단어
substitute 대체하다, 대리인 **sub**stance 물질 **sub**mit 제출하다 **sub**stantial 상당한
submarine 잠수함 **sub**mission 제출, 복종 **sub**scribe 구독하다 **sub**urb 교외

10 inter: 사이에

inter-는 '사이에(between)'를 뜻한다. '서로(상호간에)'로 해석하는 것이 더 자연스러울 수도 있다.

interview [íntərvjuː=인털뷰]

면접(명) 인터뷰하다(동)

inter(사이에) + view (보다): 서로 만나서 보고 이야기하는 것.

internet [íntərnèt=인털넽] [U]

인터넷(명)

inter(사이에) + net (네트워크, 망): 컴퓨터의 얽혀진 망 사이를 연결하는 것.

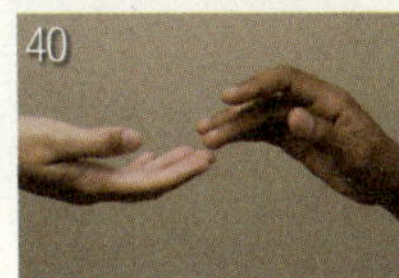

interact [íntərækt=인터뢕트]

상호 작용하다(동)

inter(서로) + act(행동하다): 서로 주고 받으며 행동하는 것.

자동암기

🎧 음원 듣기 　　　👁 영상 보기 

초등/중등 수준 단어
international 국제적인　interest 흥미있는, 이자　interrupt 방해하다

고등 수준 단어
interfere 간섭하다　interpret 해석하다, 통역하다　intervene 개입하다　interval 간격
intermediate 중간의

com/con company computer condition	**1**	**A** 밖으로
re repeat remind return	**2**	**B** 아래로
de depend depress destroy	**3**	**C** 함께
in/il/im/ir intend informal impossible	**4**	**D** 안에, 아니다
ex example excuse expect	**5**	**E** 다시

정답은 12쪽 뒤 여기에

pro
project
program
process
6

F 사이에,
서로

dis
disappear
discount
discover
7

G 아래에

en/em
enjoy
ensure
embody
8

H 앞으로

sub
subway
subject
subscribe
9

I 만들다

inter
interview
internet
interact
10

J 아니다

11 un: 아니다

교육부 어휘 빈도: 2회

un-은 '아니다(not)'을 뜻한다.

unusual [ʌnjúːʒuəl=언유쥬얼]
특이한(형)

un(부정) + usual(보통의): 보통이 아닌 것.

unlike [ʌnláɪk=언라이크]
~와 달리(전)

un(부정) + like(같은): 같지 않은 것.

unfair [ʌnféər=언페얼]
불공정한(형)

un(부정) + fair(공정한): 공정하지 않은 것.

자동암기

 음원 듣기　　　　 영상 보기

초등/중등 수준 단어
unaware 알지 못하는

고등 수준 단어
unprecedented 전례 없는

수능 수준 단어
unbalance 불균형하게 하다　uncertain 불확실한　unexpected 예상치 못한
unknown 알려지지 않은　unfamiliar 익숙하지 않은　unfortunately 불행히도
unemployed 실업 상태인　unemployment 실업　unlikely 가능성 없는

12 mis : 잘못

mis-는 '잘못(wrong)'을 뜻한다.

mistake [mistéik=미ㅅ테잌]
실수[명]

mis(잘못) + take(잡다) : 잘못 행동하거나 생각해서 실수하거나 착각한 것.

mislead [mislíːd=미쓰리이드]
잘못 이끌다[동]

mis(잘못) + lead(이끌다) : 잘못된 길로 이끄는 것.

misuse [misjúːz=미쓰유즈]
오용하다⑧ 남용하다⑧

mis(잘못) + use(사용하다) : 잘못 사용하는 것은 오용하거나 남용하는 것.

자동암기

⦿ 음원 듣기 　　　◉ 영상 보기 

수능 수준 단어
misguided 잘못 지도된　misinterpretation 오해

13 nce (=ance/ence): 상태/성질

교육부 어휘 빈도: 30회

-ance/-ence는 동사나 형용사를 명사로 만들며, 주로 '~한 상태/성질'을 뜻한다.

chance [tʃæns=췐스]

기회 [명]

라틴어 **cadere**(떨어지다)에서 유래. 주사위가 떨어져서 나온 결과 같은 기회.

dance [dæns=댄스]

춤추다 [동]

고대 프랑스어 **dancier**에서 유래.

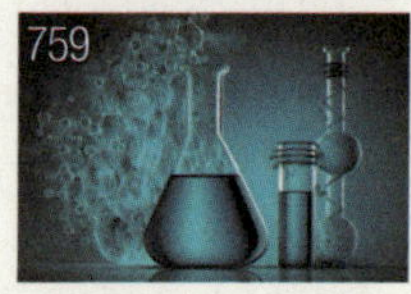

science [sáiəns=싸이언스] [U]

과학 ⑲

sci(알다) + **ence**(명사형): 세상을 아는 학문.

자동암기

🎧 음원 듣기 　　　👁 영상 보기 

초등/중등 수준 단어

insurance 보험 ambulance 구급차 distance 거리 occurrence 발생 audience 청중
evidence 증거 sentence 문장 experience 경험 advance 진보 finance 재정
circumstance 상황 instance 사례 balance 균형 licence 허가 dependence 의존
defence 방어 presence 존재, 참석 fence 울타리 influence 영향

고등 수준 단어

importance 중요성 substance 물질 enhance 향상시키다 inference 추론
emergence 출현 conscience 양심 essence 본질 sequence 순서

14 tion(=sion): 행동의 결과

교육부 어휘 빈도: 23회

-tion/-sion은 동사를 명사로 만들며, '행동의 결과'를 뜻할 수 있다.

nation [néiʃən=네이션]
나라 [명]

nat(태어나다) + tion(명사형): 같은 곳에서 태어난 사람들의 집단.

station [stéiʃən=스테이션]
역 [명] 방송국 [명]

stat(서다) + tion(명사형): 사람들이 서 있는 곳이므로 역.

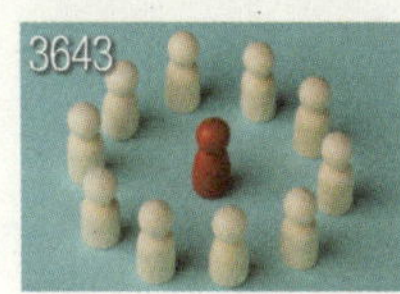

situation [sìtʃuéiʃən=씨츄에이션]
상황 [명]

situ(위치) + tion(명사형): 본인이 놓인 위치.

자동암기

 🎧 음원 듣기   👁 영상 보기 

초등/중등 수준 단어

recreation 오락 formation 형성 conversation 대화 transportation 교통
sensation 감각 relation 관계 pronunciation 발음 foundation 토대, 재단
examination 시험 communication 소통

고등 수준 단어

vacation 휴가 population 인구 orientation 오리엔테이션, 방향 occupation 직업
generation 세대 destination 목적지 corporation 기업 administration 행정
reputation 평판 vocation 직업, 소명

15 ture(=sure): 행동의 결과

교육부 어휘 빈도: 22회

-ture/-sure는 명사를 만들며, '~한 행동의 결과'를 뜻할 수 있다.

picture [píktʃər=픽쳘]

그림명 사진명

pict(그리다) + ure(결과물)

future [fjúːtʃər=퓨쳘]

미래명

fut(될 것) + ure(명사형): 앞으로 될 것.

nature [néitʃər=네이쳘] [U]

자연명

nat(태어나다) + ure(명사형): 태어날 때부터 갖고 있는 것.

자동암기

 음원 듣기    영상 보기

초등/중등 수준 단어

culture 문화 creature 생물 feature 특징 manufacture 제조하다 temperature 온도
gesture 몸짓, 제스처 adventure 모험 structure 구조 furniture 가구

고등 수준 단어

sculpture 조각 moisture 습기 departure 출발 architecture 건축 torture 고문
lecture 강의 capture 포획하다 literature 문학 venture 모험, 사업 agriculture 농업

16 or(=er): ~하는 사람/것

교육부 어휘 빈도 : 22회

-or/-er는 주로 '~하는 사람/것'을 뜻한다. 다만, 형용사 뒤에 or이 있으면 '더 ~한(비교급)'을 뜻한다(prior 더 앞선, interior 더 안쪽의).

doctor [dάktər=닥털]

의사⁽명⁾ 박사⁽명⁾

doct(가르치다) + or(사람): 가르칠 수 있는 사람.

monitor [mάnitər=마니털]

모니터⁽명⁾ 감시하다⁽동⁾

monit(경고하다) + or(것): 경고해주는 감시 장치.

calculator [kælkjulèitər=캘큘레이틸]

계산기⁽명⁾

calcul(계산하다) + ator(것): 계산하는 물건.

자동암기

🎧 음원 듣기

◉ 영상 보기

초등/중등 수준 단어

sponsor 후원하다 factor 요인 sector 부문 inventor 발명가

고등 수준 단어

refrigerator 냉장고 elevator 엘리베이터 professor 교수 mayor 시장 author 저자
ambassador 대사 predator 포식자 censor 검열하다 junior 후배, 어린 major 주요한
senior 선배, 연장자 minor 사소한, 미성년자 superior 상급자, 우월한 prior 이전의
interior 내부

17 er(=or): ~하는 사람/것 교육부 어휘 빈도: 20회

-er / -or은 주로 '~하는 사람/것'을 뜻한다. 다만, 형용사 뒤에 er이 있으면 '더 ~한(비교급)'을 뜻한다(fast 빠른 → faster 더 빠른).

lawyer [lɔ́ːjər=러이열]

변호사 [명]

law(법) + yer(사람): 법을 다루는 사람.

customer [kʌ́stəmər=커스터멀]

고객 [명]

custom(습관/관습) + er(사람): 습관적으로 오는 사람.

drawer [drɔ́ːər=드로얼]

서랍 [명]

draw(끌다/그리다) + er(것/사람): 끌어당겨야 열리는 물건.

자동암기

 🎧 음원 듣기    👁 영상 보기

초등/중등 수준 단어

officer 장교, 공무원 master 주인, 달인 sweater 스웨터 soldier 군인 counter 계산대
shelter 피난처 volunteer 자원봉사자 helicopter 헬리콥터 poster 포스터

고등 수준 단어

trigger 방아쇠 hammer 망치 passenger 승객 butcher 정육점 주인 publisher 출판사
filter 필터, 여과기 eraser 지우개 pioneer 개척자 miner 광부

18 age: ~한 결과 / ~집합

교육부 어휘 빈도 : 17회

-age는 명사를 만들며, '~한 결과, ~의 집합'을 뜻할 수 있다.

page [peidʒ=페이쥐]

쪽 명

라틴어 pagina(고정된 것)에서 유래. 책의 한 면.

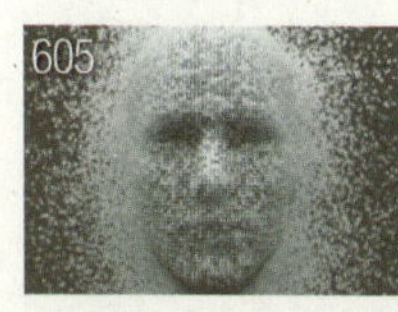

image [ímidʒ=이미쥐]

인상 명 그림 명

imag(모방하다) + e : 실제를 모방한 이미지나 형상.

stage [steidʒ=스테이쥐]

무대 명 단계 명

라틴어 stare(서다)에서 유래. 서서 공연하는 곳.

자동암기

 음원 듣기  영상 보기

초등/중등 수준 단어

garage 차고 advantage 이점 language 언어 damage 손해, 피해 message 메시지
disadvantage 불리함 average 평균 wage 임금 cage 우리
teenage 십대의 cottage 시골집 village 마을

고등 수준 단어

courage 용기 rage 분노 passage 통로 outrage 격분 heritage 유산

19 th: ~한 성질

교육부 어휘 빈도: 18회

-th는 동사를 **명사**로 만들며, '~한 상태/성질'을 뜻할 수 있다. 또는 **서수**(~번째)를 뜻할 수도 있다(fourth 네 번째, fifth 다섯 번째)

birth [bərθ=벌따]

출생 ^명

bear(낳다) + th(명사)

death [deθ=데따]

죽음 ^명

die(죽다)+ th(명사)

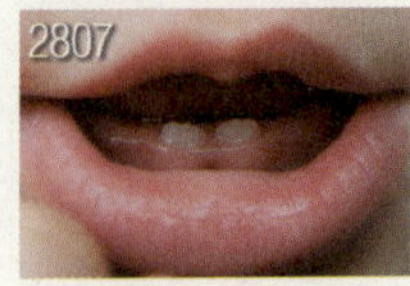

mouth [mauθ=마우따]

입 ^명

독일어 기원의 단일어.

자동암기

🎧 음원 듣기 　　　👁 영상 보기 

초등/중등 수준 단어

month 월, 달　earth 지구, 흙　bath 목욕　south 남쪽　north 북쪽　tooth 이빨　math 수학 truth 진실　breath 숨　faith 믿음　health 건강　path 길, 경로

고등 수준 단어

myth 신화　wealth 부

20 ment: 행동의 결과

교육부 어휘 빈도: 15회

-ment는 동사를 명사로 만들며, '~한 행동'을 뜻할 수 있다.

apartment
[əpáːrtmənt = 어팔트먼트] 아파트 (명)

a(~로) + part(부분) + ment(명사형): 건물을 부분으로 나눈 것.

moment [móumənt = 모우먼트]
순간 (명)

mo(움직이다) + ment(명사형): 움직이는 찰나.

government [gʌ́vərnmənt = 거벌언먼트]
정부 (명)

govern(다스리다) + ment(명사형): 나라를 다스리는 기관.

자동암기

🎧 음원 듣기    👁 영상 보기 

초등/중등 수준 단어
assignment 과제 element 요소, 기초 instrument 악기 experiment 실험
document 문서 comment 댓글, 의견

고등 수준 단어
department 부서 equipment 장비 environment 환경 sentiment 감정
monument 기념비 implement 시행하다, 도구 complement 보완하다
supplement 보충하다

🔊 11~20

👁 11~20

un
unusual
unlike
unfair

1

A 잘못

mis
mistake
mislead
misuse

2

B 상태,
성질
(명사)

nce
chance
dance
science

3

C 행동의 결과
(명사)

tion/sion
nation
station
situation

4

D 행동의 결과
(명사)

ture/sure
picture
future
nature

5

E 아니다

1정답 1C 2E 3B 4D 5A / 6H 7J 8I 9G 10F

or doctor monitor calculator	6	**F** ~한 결과, ~집합 (명사)
er lawyer customer drawer	7	**G** ~하는 사람, ~하는 것 (명사)
age page image stage	8	**H** ~하는 사람, ~하는 것 (명사)
th month death mouth	9	**I** ~한 성질 (명사)
ment apartment moment government	10	**J** 행동 (명사)

21 ity: 성질

교육부 어휘 빈도: 15회

-ity는 형용사를 명사로 만들며, '~한 성질'을 뜻한다.

community [kəmjúːnəti=커뮤너티]

공동체 몡

com(함께) + mun(의무/봉사) + ity(명사형): 함께 의무를 나누는 집단.

university [jùːnəvə́ːrsəti=유니벌써티]

대학교 몡

uni(하나) + vers(돌다) + ity(명사형): 여러 학문이 하나로 모인 곳.

quality [kwáləti=쿠얼러티]

품질 몡

qual(어떤 종류의) + ity(명사형): 어떤 종류인지를 나타내는 특성.

자동암기

🎧 음원 듣기    👁 영상 보기 

초등/중등 수준 단어
personality 성격 majority 대다수 curiosity 호기심 complexity 복잡성 identity 정체성

고등 수준 단어
opportunity 기회 charity 자선 facility 시설 dignity 존엄 celebrity 유명인
quantity 양 commodity 상품

22 **-ist : 사람**

-ist는 '~하는 사람, ~을 믿는 사람'을 뜻한다.

cyclist [sáiklist=싸이클리스트]
자전거 타는 사람 [명]

cycl(바퀴/원) + ist(사람): 바퀴를 돌리는 사람.

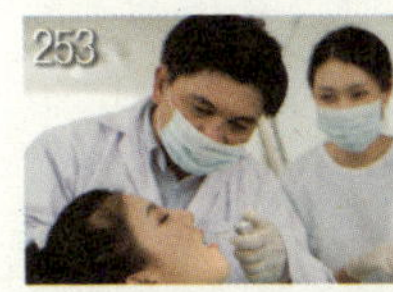

dentist [déntist=덴티스트]
치과의사 [명]

dent(이) + ist(사람): 이를 다루는 사람.

terrorist [térərist=테뤄뤼스트]
테러리스트 [명]

terror(공포) + ist(사람): 공포를 주는 사람.

자동암기   🎧 음원 듣기    👁 영상 보기 

고등 수준 단어
communist 공산주의자 optimist 낙관주의자

23 ship: 관계, 자격

-ship은 명사를 만들며 '~의 관계, ~의 자격'을 뜻한다.

member**ship**

[mémbərʃip=멤벌쉽] 회원권 ^명

member(구성원) + ship(자격)

friend**ship** [frénʃip=프뤤쉽] [U]

우정 ^명

friend(친구) + ship(관계)

relation**ship** [riléiʃənʃip=륄레이션쉽]

관계 ^명

relation(관계) + ship(관계)

자동암기

 음원 듣기

 영상 보기

고등 수준 단어

wor**ship** 예배, 숭배하다

24 **ness**: 상태

교육부 어휘 빈도 : **2회**

-ness는 형용사를 **명사**로 만들며, '~한 상태'를 뜻한다.

business [bíznis=비즈니시]

사업 명

busy(바쁜) + **ness**(상태): 바쁜 상태를 대표하는 일.

wit**ness** [wítnis=윝(트)니시]

목격자 명 증인 명

wit(알다) + **ness**(상태): 사건을 아는 상태인 사람.

happi**ness** [hǽpinəs=해피너시]

행복 명

happy(행복한) + **ness**(상태): 행복한 상태.

자동암기

👂 음원 듣기 　　👁 영상 보기 

25 ism: ~주의, 행위

-ism은 명사를 만들며, '~주의' 또는 '~의 행위'을 뜻한다

capitalism [kǽpitəlìzm=캐피털리즘]
자본주의⒨

capital(자본) + ism(주의)

tourism [túərizm=투어뤼즘]
관광업⒨

tour(여행) + ism(행위)

criticism [krítisìzm=크뤼티씨즘]
비평⒨ 비판⒨

critic(비평가) + ism(행위)

자동암기

 음원 듣기    영상 보기

26 ate: ~하게 만든다

-ate는 주로 명사나 형용사를 '동사'로 만들며 '~하게 만든다(make)'를 뜻한다. 드물게 '명사, 형용사'를 만들기도 한다.

hate [heit=헤잍(트)]

싫어하다 동

독어 기원의 단일어.

date [deit=데잍(트)]

날짜 명 데이트 명 데이트하다 동

라틴어 data(주어진 것)에서 유래. 주어진 날짜, 또는 만남.

appreciate [əpríːʃièit=어프뤼쉬에잍(트)]

감사하다 동 감상하다 동

ap(~으로) + preci(가치) + ate(만든다): 물건이나 행동의 가치를 알아보다.

자동암기

🎧 음원 듣기 　　　👁 영상 보기 

초등/중등 수준 단어

congratulate 축하하다　skate 스케이트 타다　concentrate 집중하다　create 창조하다
situate 위치시키다　separate 분리하다　debate 토론하다　estimate 추정하다
frustrate 좌절시키다　investigate 조사하다　decorate 장식하다　educate 교육하다
communicate 의사소통하다　hesitate 망설이다　donate 기부하다

고등 수준 단어

celebrate 축하하다　graduate 졸업하다　cooperate 협력하다　refrigerate 냉장하다
sophisticate 세련되게 하다　update 업데이트하다　manipulate 조종하다
negotiate 협상하다　eliminate 제거하다　translate 번역하다　participate 참여하다
imitate 모방하다　narrate 서술하다　stimulate 자극하다　accelerate 가속하다

27 ize (=ise): ~하게 만든다

교육부 어휘 빈도: 19회

-ize는 명사나 형용사를 동사로 만들며 '~하게 만든다(make)'를 뜻한다. 미국식은 -ize, 영국식은 -ise를 선호하지만, 둘 다 통용된다.

realize [ríːəlàiz=뤼얼라이즈]

깨닫다 동

real(실제의) + ize(만들다): 모르던 것을 알아서 실제로 만든다.

recognize [rékəgnàiz=뤠커ㄱ나이즈]

알아보다 동

re(다시) + cogn(알다) + ize(동사형): 이미 알던 걸 다시 보고 알아보다.

advertise [ǽdvərtàiz=애ㄷ벌타이즈]

광고하다 동

ad(~으로) + vert(돌리다) + ise(동사형): 광고로 관심을 돌리게 하다.

자동암기

🎧 음원 듣기    👁 영상 보기 

초등/중등 수준 단어

emphasize 강조하다 realise 깨닫다 practise 연습하다 advertise 광고하다
advise 조언하다

고등 수준 단어

utilise 활용하다 organise 조직하다 criticise 비판하다 compromise 타협하다
supervise 감독하다 devise 고안하다 revise 수정하다 comprise 구성되다
organize 조직하다 criticize 비판하다 utilize 활용하다

28 ify: ~하게 만든다

-ify는 명사나 형용사를 동사로 만들어 '~하게 만든다(make)'를 뜻한다.

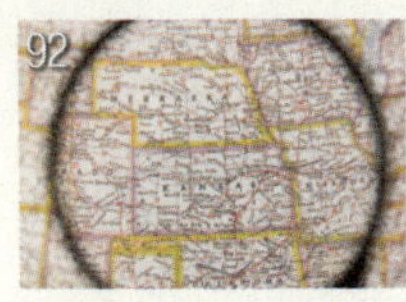

clarify [klǽrəfài=클래뤄파이]
명확히 하다^동

clar(맑은) + ify(만들다): 상황이나 문제를 맑게 만든다.

classify [klǽsəfài=클래써파이]
분류하다^동

class(분류) + ify(만들다): 기준을 세워서 종류별로 만든다.

qualify [kwáləfài=쿠왈러파이]
자격을 주다^동

qual(어떤 종류의) + ify(만들다): 자격 있는 종류로 만든다.

자동암기

 음원 듣기

 영상 보기

초등/중등 수준 단어
identify 식별하다

고등 수준 단어
unify 통합하다 modify 수정하다

29 ly: ~하게

교육부 어휘 빈도: **13회**

-ly는 형용사를 부사로 만들며 '~하게'를 뜻한다. 드물게 명사에 붙어 형용사를 만들기도 한다(friend → friendly 친한, love → lovely 사랑스러운).

really [ríəli=뤼얼리]

정말⊕

real(실제의) + ly(부사): 실제로, 정말로.

hardly [háːrdli=할들리]

거의 ~하지 않다⊕

hard(어려운) + ly(부사): 어렵게 겨우 한 것.

probably [prábəbli=프롸버블리]

분명히⊕

prob(증명하다) + ably(부사): 증명될 수 있을 정도의 확실함.

자동암기

 🔊 음원 듣기    ◉ 영상 보기

초등/중등 수준 단어

eventually 결국 especially 특히 lately 최근에 frankly 솔직히 certainly 확실히 absolutely 절대적으로 totally 완전히 finally 마침내 exactly 정확히 particularly 특히

30 al: ~의

-al은 명사를 형용사로 만들며 '~의'를 뜻한다. 드물게 동사를 명사로 만들기도 한다(arrive → arrival 도착, refuse → refusal 거절).

usual [júːʒuəl=유쥬얼]

보통의 형

us(사용하다) + ual(형용사): 평소에 사용되는.

actual [ǽktʃuəl=액츄얼]

실제의 형

act(행동) + ual(형용사): 행동으로 나타난 것.

special [spéʃəl=ㅅ페셜]

특별한 형

speci(종류) + al(형용사): 특별한 종류의 것.

자동암기

 ◑ 음원 듣기

 ◉ 영상 보기

초등/중등 수준 단어

racial 인종의 official 공식적인 international 국제적인 literal 문자 그대로의
formal 공식적인 informal 비공식적인 factual 사실에 근거한 casual 캐주얼한, 우연한
criminal 범죄자 especial 특별한 local 지역의 mental 정신의 total 전체의
general 일반적인 medical 의학의 physical 신체의, 물질의 social 사회적인
legal 법적인, 합법의 final 마지막의 several 너댓의 gradual 점진적인 causal 원인의
royal 왕의 practical 실용적인 annual 매년의 moral 도덕의 internal 내부의 equal 같은

고등 수준 단어

virtual 가상의 verbal 언어의 substantial 상당한 original 원래의 normal 정상적인
global 세계적인 ethical 윤리적인 essential 필수적인 artificial 인공적인 loyal 충성스러운

ity
community
university
quality

1

A 관계,
자격
(명사)

ist
cyclist
dentist
terrorist

2

B ~하는 사람
(명사)

ship
membership
friendship
relationship

3

C 성질
(명사)

ness
business
witness
hapiness

4

D 성질
(명사)

ism
capitalism
tourism
criticism

5

E ~주의
(명사)

ate
hate
date
appreciate

6

F ~의 (형용사)

ize/ise
realize
recognize
advertise

7

G ~하게 (부사)

ify
clarify
classify
qualify

8

H ~하게 만든다 (동사)

ly
really
hardly
probably

9

I ~하게 만든다 (동사)

al
usual
actual
special

10

J ~하게 만든다 (동사)

31 ent(=ant): ~하는 사람, 것

교육부 어휘 빈도: 31회

ent는 동사를 형용사나 명사로 만들어 '~하는 사람, ~하는 것'을 뜻한다.

patient [péiʃənt=페이션트]

참을성 있는⟨형⟩ 환자⟨명⟩

pati(참다) + ent(~하는 사람): 아파도 참아야만 하는 사람.

innocent [ínəsnt=이너쓴트]

무죄의⟨형⟩ 순수한⟨형⟩

in(아니다) + noc(해치다) + ent(~하는): 누구도 해치지 않는 상태.

student [stjúːdənt=스튜던트]

학생⟨명⟩

stud(열심히 하다) + ent(~하는 사람): 열심히 공부하는 사람.

자동암기

◉ 음원 듣기 　　◉ 영상 보기 

초등/중등 수준 단어

accident 사고 independent 독립적인 current 현재의 violent 폭력적인 recent 최근의

고등 수준 단어

urgent 긴급한 sufficient 충분한 resident 거주자 president 대통령 excellent 훌륭한
different 다른 convenient 편리한 consistent 일관된 confident 자신감 있는
competent 유능한 decent 괜찮은, 예의 바른 incident 사건 permanent 영구적인
intelligent 지능적인 magnificent 웅장한 efficient 효율적인 apparent 명백한
adolescent 청소년 frequent 빈번한 ingredient 재료 prominent 저명한
component 구성 요소 inherent 내재된

32 ic : ~의

-ic은 명사를 형용사로 만들어 '~의/~적인'을 뜻한다. -ical 형태가 붙은 형용사로 확장되기도 한다(historical 역사적인, political 정치적인).

magic [mǽdʒik=매쥑(ㅋ)]

마법[명] 마술의[형]

mag(크다/힘) + ic(형용사): 큰 힘을 가진 것.

public [pʌ́blik=퍼블릭]

공공의[형]

publ(사람들) + ic(형용사): 사람들이 같이 쓰는 것.

plastic [plǽstik=플래스틱] [U]

플라스틱[명] 성형의[형]

plast(형성하다) + ic(형용사): 쉽게 모양을 형성할 수 있는 물건.

자동암기

 🎧 음원 듣기   👁 영상 보기 

초등/중등 수준 단어

comic 만화, 희극의 classic 고전적인 programmatic 프로그램적인 graphic 그래픽의 fantastic 환상적인 characteristic 특징 electric 전기의 automatic 자동의 domestic 국내의 specific 구체적인

고등 수준 단어

organic 유기적인 genetic 유전적인 romantic 낭만적인 terrific 훌륭한 tragic 비극적인 toxic 독성의 exotic 이국적인 mechanic 정비사 chronic 만성적인 electronic 전자의 enthusiastic 열정적인 authentic 진정한 dynamic 역동적인 ethnic 민족의 aesthetic 미적인 linguistic 언어학적인

33 OUS: ~한 상태

-ous는 명사를 형용사로 만들어 '~한 상태/~가 많은'을 뜻한다.

delicious [dilíʃəs=딜리셔시]
맛있는 ⑱

delic(기쁘게 하다) + ious(형용사): 음식이 사람을 기쁘게 하는 상태.

serious [síəriəs=씨뤼어씨]
진지한 ⑱

seri(무거운) + ous(형용사): 분위기가 무거운 상태.

nervous [nə́ːrvəs=널버시]
긴장한 ⑱

nerv(신경) + ous(형용사): 신경이 예민한 상태.

자동암기
 음원 듣기　　　 영상 보기

초등/중등 수준 단어
jealous 질투하는　curious 호기심 많은　gorgeous 아주 멋진　obvious 분명한
previous 이전의　conscious 의식하는　anxious 불안한, 걱정하는　various 다양한
enormous 거대한

고등 수준 단어
vigorous 활기찬　ridiculous 우스꽝스러운　harmonious 조화로운　furious 격노한
famous 유명한　ambitious 야심찬　generous 관대한　tremendous 엄청난
numerous 수많은　simultaneous 동시의

34 y: ~한 상태

-y는 명사를 **형용사**로 만들어 '~한 상태/~가 많은'을 뜻한다.

healthy [hélθi=헬띠]

건강한 ⑱

health(건강) + **y**(형용사): 건강을 가진 상태.

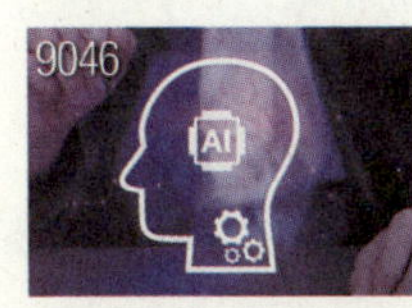

easy [íːzi=이지]

쉬운 ⑱

고대 프랑스어 **aisié**(편안한)에서 유래.

dirty [dɚːrti=덜티]

더러운 ⑱

dirt(먼지/흙) + **y**(형용사): 먼지가 묻은 상태.

자동암기

 음원 듣기

 영상 보기

초등/중등 수준 단어

happ**y** 행복한 prett**y** 예쁜, 꽤 bus**y** 바쁜 laz**y** 게으른 heav**y** 무거운 gra**y** 회색의 (미국식)
gre**y** 회색의 (영국식) funn**y** 웃긴 hungr**y** 배고픈 guilt**y** 유죄의, 죄책감 있는 tin**y** 아주 작은
empt**y** 빈, 비우다 tid**y** 깔끔한 stead**y** 꾸준한

고등 수준 단어

craz**y** 미친 nast**y** 불쾌한

35 ble(=able, ible): ~할 수 있는

교육부 어휘 빈도 : 17회

-ble은 동사를 형용사로 만들어 '~할 수 있는'을 뜻한다.

possible [pásəbl=파써블]
가능한⒣

poss(할 수 있다) + ible(할 수 있는)

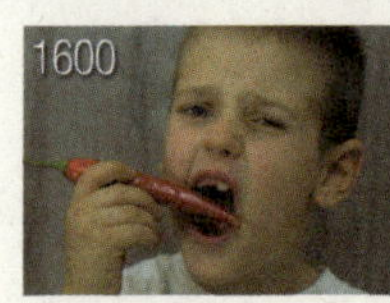

impossible [impásəbl=임파써블]
불가능한⒣

im(아니다) + possible(가능한)

terrible [térəbl=테뤄블]
끔찍한⒣

terr(두렵게 하다) + ible(할 수 있는)

자동암기

🎧 음원 듣기 　　👁 영상 보기 

초등/중등 수준 단어
responsible 책임 있는　capable ~할 능력이 있는　comfortable 편안한
reasonable 합리적인　probable 있을 법한

고등 수준 단어
inevitable 불가피한　incredible 믿을 수 없는　available 이용 가능한　sensible 분별 있는
flexible 유연한　visible 보이는　compatible 호환되는　credible 믿을 만한
evitable 피할 수 있는

36 ant (=ent): ~하는 사람, 것

교육부 어휘 빈도: 17회

-ant는 동사를 형용사나 명사로 만들어 '~하는 사람, ~하는 것'을 뜻한다.

pleasant [pléznt=플레즌트]

즐거운 (형)

pleas(기쁘게 하다) + ant(형용사)

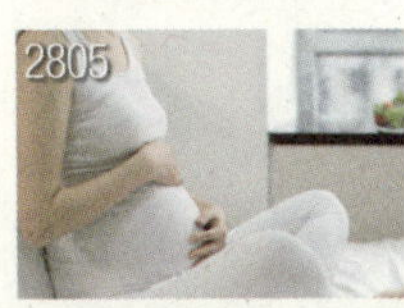

pregnant [prégnənt=프뤠그넌트]

임신한 (형)

pre(앞에) + gn(낳다) + ant(형용사): 아기를 낳기 전의 상태.

brilliant [bríljənt=브뤼리언트]

훌륭한 (형) 눈부신 (형)

brill(빛나다) + iant(형용사): 빛나는 상태.

자동암기

음원 듣기

영상 보기

초등/중등 수준 단어

assistant 조수 significant 중요한 applicant 지원자 instant 즉각적인 constant 끊임없는

고등 수준 단어

migrant 이주민 important 중요한 dominant 지배적인 defendant 피고인
abundant 풍부한 relevant 관련된 elegant 우아한 reluctant 꺼리는 tenant 세입자

37 ive: ~적인 성질

-ive는 형용사를 만들어 '~적인'을 뜻할 수 있다.

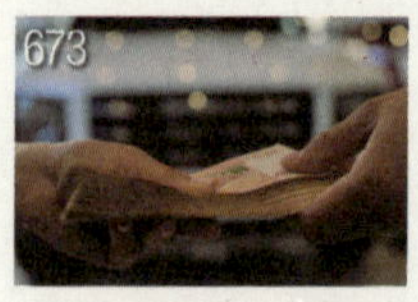

expensive [ikspénsiv=익스펜씹(ㅂ)]

비싼⊚

ex(밖으로) + pens(지불하다) + ive(형용사): 많이 지불해야 하는 성질.

positive [pázətiv=파저팁(ㅂ)]

긍정적인⊚

posit(놓다) + ive(형용사): 확실하게 놓인 것.

negative [négətiv=네거팁(ㅂ)]

부정적인⊚

neg(아니다) + ative(형용사): 아닌 것으로 보는 것.

자동암기

음원 듣기 　　영상 보기 

초등/중등 수준 단어
subjective 주관적인 respective 각자의 relative 친척 objective 목표
effective 효과적인

고등 수준 단어
exclusive 독점적인 comprehensive 종합적인 alternative 대안 aggressive 공격적인
perspective 관점 executive 경영자 primitive 원시적인

38 ary: ~의

명사를 형용사로 만들어 '~의'를 뜻한다. 종종 명사를 만들기도 한다(library 도서관, dictionary 사전 등).

necessary [nésəsèri=네서쎄뤼]

필수적인(형)

ne(아니다) + cess(가다) + ary(형용사): 이것을 지나쳐 갈 수 없는 이유.

military [mílətèri=밀러테뤼]

군사적인(형)

milit(군인) + ary(형용사)

secondary

[sékəndèri=쎄컨데뤼] 부수적인(형) 중고등의(형)

second(두 번째) + ary(형용사): 두 번째로 중요한 것들.

자동암기

🎧 음원 듣기 　　　👁 영상 보기 

초등/중등 수준 단어

secretary 비서　summary 요약　primary 주요한　elementary 초등의
ordinary 평범한　dictionary 사전

고등 수준 단어

anniversary 기념일　temporary 일시적인　extraordinary 비범한　contrary 반대의
vocabulary 어휘　contemporary 현대의

39 ful: ~로 가득한

-ful은 명사를 형용사로 만들어 '~로 가득한'을 뜻한다. -less와 반대 의미다.

beautiful [bjúːtifl=뷰티플]

아름다운(형)

beauty(아름다움) + ful(가득한)

wonderful [wʌ́ndərfl=원덜플]

(놀랍도록) 멋진(형)

wonder(놀라움) + ful(가득한)

peaceful [píːsfl=피이스플]

평화로운(형)

peace(평화) + ful(가득한)

자동암기

음원 듣기 　　　영상 보기 

고등 수준 단어

awful 끔찍한　grateful 감사하는

10 less: ~이 없는

-less는 명사를 형용사로 만들어 '~이 없는'을 뜻한다. -ful과 반대 의미다.

useless [júːslis=유슬리시]
쓸모없는(형)

use(사용) + less(없는)

homeless [hóumləs=호움리스]
집 없는(형)

home(집) + less(없는)

endless [éndləs=엔들리시]
끝없는(형)

end(끝) + less(없는)

자동암기  음원 듣기    영상 보기

고등 수준 단어
nevertheless 그럼에도 불구하고 nonetheless 그럼에도 불구하고

ent/ant
patient
innocent
student

1

A ~의 (형용사)

ic
magic
public
plastic

2

B ~할 수 있는
(형용사)

ous
delicious
serious
nervous

3

C ~하는 사람,
~하는 것
(형용사, 명사)

y
healthy
easy
dirty

4

D ~한 상태 (형용사)

ble
possible
impossible
terrible

5

E ~한 상태 (형용사)

ant/ent
pleasant
pregnant
brilliant

6

F ~하는 사람,
~하는 것
(형용사, 명사)

ive
expensive
positive
negative

7

G ~이 없는
(형용사)

ary
necessary
military
secondary

8

H ~의
(형용사)

ful
beautiful
wonderful
peaceful

9

I ~적인 성질
(형용사)

less
useless
homeless
endless

10

J ~로 가득한
(형용사)

41 ish: ~같은

-ish는 명사나 형용사에 붙어 '~같은'을 뜻한다. 부정적인 어감을 가지거나, 대략적임을 나타낸다.

selfish [sélfiʃ=쎌피쉬]
이기적인⑱

self(자기) + ish(~같은) : 자기만 생각하는 것.

foolish [fúːliʃ=풀리쉬]
어리석은⑱

fool(바보) + ish(~같은)

childish [ʧáildiʃ=촤일디쉬]
유치한⑱

child(아이) + ish(~같은)

자동암기

 🔊 음원 듣기

 ◉ 영상 보기

42 vis (=vid): 보이다

교육부 어휘 빈도: 13회

vis/vid는 '보이다(see)'를 뜻한다.

video [vídiòu=비디오우]

영상(명)

vid(보다) + eo: 보는 것.

television [télivɪʒən=텔리비젼]

텔레비전(명)

tele(멀리) + vis(보다) + ion(명사형): 멀리서 보는 것.

vision [vɪʒən=비젼]

시력(명) 비전(명)

vis(보다) + ion(명사형): 보는 것.

자동암기

 ⓔ 음원 듣기   ⓔ 영상 보기 

초등/중등 수준 단어
evidence 증거 provide 제공하다 advise 조언하다 individual 개인 divide 나누다

고등 수준 단어
visual 시각적인 visible 보이는 supervise 감독하다 devise 고안하다 revise 수정하다 division 분할, 부서 provision 제공, 조항 revision 수정 supervision 감독 adviser 조언자 provided 제공된, ~라면 providing 제공하는, ~라면 revised 수정된

수능 수준 단어
evident 명백한 invisible 보이지 않는 supervisor 감독자 visa 비자

43 port: 나르다

교육부 어휘 빈도: 13회

port는 '나르다(carry)'를 뜻한다.

airport [έərpɔ̀ːrt=에얼폴트]

공항⁽명⁾

air(공기/하늘) + port(항구): 하늘의 항구.

report [ripɔ́ːrt=뤼폴트]

보고하다⁽동⁾ 보고서⁽명⁾ 보도하다⁽동⁾

re(다시) + port(나르다): 정리해서 다시 가져오다.

support [səpɔ́ːrt=써폴트]

지지하다⁽동⁾ 부양하다⁽동⁾

sup(아래에서) + port(나르다): 아래에서 받쳐 나르다.

자동암기

🎧 음원 듣기 　　👁 영상 보기 

초등/중등 수준 단어
port 항구 transport 운송하다 transportation 교통

고등 수준 단어
important 중요한 opportunity 기회 passport 여권 importance 중요성
import 수입하다 export 수출하다 opportune 적절한

수능 수준 단어
supporter 지지자 reporter 기자 reportedly 보도에 따르면 supportive 지지하는

44 log: 말 / logy: 학문

log는 '말(word)'을 뜻하며, -logy 형태는 '~학문(study of)'을 뜻한다.

dialogue [dáiəlɔ̀ːg=다이얼럭(ㄱ)]

대사명 대화명 (=dialog 미국식)

dia(사이에) + log(말하다) + ue: 서로 사이에서 말하는 것.

technology [teknáləʤi=테크날러쥐]

(과학) 기술명

techno(기술) + logy(학문): 기술에 대한 학문.

catalogue [kǽtəlɔ̀ːg=캐털럭(ㄱ)]

목록명

cata(아래로/완전히) + log(말하다) + ue: 완전히 나열한 것.

자동암기

🎧 음원 듣기 　　👁 영상 보기 

고등 수준 단어

apology 사과 logic 논리 psychology 심리학 biology 생물학 sociology 사회학
geology 지질학 ideology 이념

수능 수준 단어

biological 생물학적인 logical 논리적인 analogy 비유, 유추 archaeologist 고고학자
ecological 생태학적인 logo 로고 theology 신학 methodology 방법론
apologize 사과하다 psychological 심리적인 psychologist 심리학자
apologetic 사과하는 archaeological 고고학적인 archaeology 고고학
ideological 이념적인 technological 기술적인

45 spect: 보다

spect는 '보다(look)'를 뜻한다. vis/vid(p.51)는 자연스럽게 '보이다(see)'이고, spect는 의도적으로 '바라보다/살피다(look)'이다.

respect [rispékt=뤼스펙트]
존경하다[동] 존중하다[동] 존경[명]

re(다시) + spect(보다): 그 사람이 다시 보이는 이유.

suspect [səspékt=써스펙트]
의심하다[동] 용의자[동]

sus(아래에서) + spect(보다): 아래에서 (몰래) 올려다보는 이유.

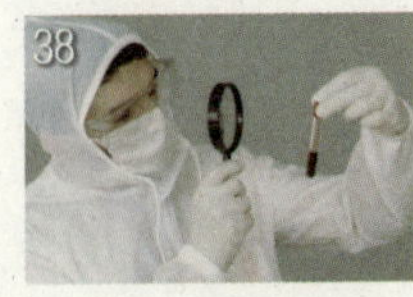

inspect [inspékt=인스펙트]
검사하다[동]

in(안을) + spect(보다): 자세히 안을 들여다보는 이유.

자동암기

👂음원 듣기　　👁영상 보기

초등/중등 수준 단어
respective 각자의

고등 수준 단어
perspective 관점 prospect 전망 aspect 측면 spectacle 광경
spectrum 스펙트럼, 범위

수능 수준 단어
spectator 관중 spectacular 장관인 inspection 검사 inspector 검사관
respectively 각각 retrospect 회고 prospective 장래의

46 gen: 낳다/종류

gen은 주로 '낳다(birth)'를 뜻한다. 또는 드물게 같은 곳에서 태어난 '종류(kind)'를 뜻할 수도 있다.

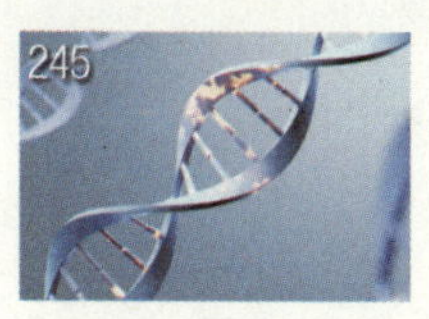

gene [dʒíːn=쥔]

유전자[명]

gen(낳다/생기다): 낳는 것.

gender [dʒéndər=쩬덜]

성별⑲

gen(낳다) + der: 낳는 역할에 따른 구분.

general [dʒénərəl=제너럴]

일반적인⑲ 장군⑲

gen(종류) + eral(형용사형): 대부분의 종류에 해당하는 것.

자동암기

👂 음원 듣기　　　👁 영상 보기

고등 수준 단어

genius 천재　generous 관대한　genetic 유전적인　generation 세대　genuine 진짜의
generate 생성하다

수능 수준 단어

generalization 일반화　hydrogen 수소　generic 일반적인　generally 일반적으로
genre 장르　genocide 집단 학살　genuinely 진정으로　indigenous 토착의　oxygen 산소

47 tain: 잡다

교육부 어휘 빈도: 6회

tain은 '잡고 있다(hold)'를 뜻한다.

maintain [meintéin=메인테인]
유지하다⑧

main(손) + tain(잡다): 손으로 잡고 있다.

entertain [èntərtéin=엔털테인]
즐겁게 하다⑧

enter(사이에) + tain(잡다): 사이에 잡고 있다.

contain [kəntéin=컨테인]
포함하다⑧

con(함께) + tain(잡다): 함께 잡고 있다.

자동암기

 음원 듣기    영상 보기

고등 수준 단어
sustain 유지하다 retain 유지하다 obtain 얻다

수능 수준 단어
sustainable 지속 가능한 attain 달성하다 entertainment 오락 container 용기
unsustainable 지속 불가능한 detain 구금하다

48 dict: 말하다

dict는 '말하다(say)'를 뜻한다. t가 빠진 dic- 형태로도 쓴다.

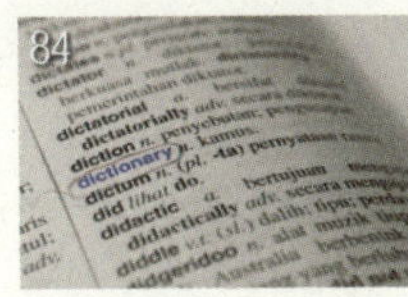

dictionary [díkʃənèri=딕셔네뤼]

사전[명]

dict(말하다) + ion + ary(장소/모음): 말들을 모아둔 것.

predict [pridíkt=프뤼딕트]

예측하다[동]

pre(미리) + dict(말하다): 앞으로의 일을 미리 말하다.

addict [ǽdikt=애딕트] [ədíkt=어딕트]

중독자[명] 중독시키다[동]

ad(~에) + dict(말하다): 빚에 대한 판결(말)로 노예가 된 사람.

자동암기

 음원 듣기　　　 영상 보기

고등 수준 단어
dictate 지시하다, 받아쓰게 하다　contradict 모순되다

수능 수준 단어
prediction 예측　jurisdiction 관할권　dictator 독재자　addiction 중독
contradiction 모순　predictable 예측 가능한　verdict 판결

49 tract: 끌다

tract는 '끌다(pull)'를 뜻한다.

contract [kántrækt=칸트랙트]

계약⁽명⁾ 계약서⁽명⁾

con(함께) + tract(끌다): 함께 끌어당겨 합의하는 것.

attract [ətrǽkt=어트랙트]

끌다⁽동⁾ 매혹하다⁽동⁾

at(~으로) + tract(끌다).

distract [distrǽkt=디스트랙트]

산만하게 하다⁽동⁾

dis(떨어져) + tract(끌다): 다른 곳으로 떨어지게 끌다.

자동암기

🔊 음원 듣기  👁 영상 보기 

고등 수준 단어
extract 추출하다 abstract 추상적인

수능 수준 단어
attraction 매력, 명소 attractive 매력적인 distraction 산만함 extracted 추출된
contractor 계약자

50 cess: 가다

cess는 '가다(go)'를 뜻한다. 동사형에서는 -ceed나 -cede로 나타난다
(proceed 진행하다, succeed 성공하다 등).

process [práses=프롸쎄스]

과정⁽명⁾

pro(앞으로) + cess(가다)

access [ǽkses=액쎄시] [U]

접근⁽명⁾ 이용 권한⁽명⁾

ac(~으로) + cess(가다): ~쪽으로 갈 수 있는 것.

success [səksés=썩쎄시]

성공⁽명⁾

suc(아래에서 위로) + cess(가다): 아래에서 위로 올라가다.

자동암기

🔊 음원 듣기 　　👁 영상 보기 

고등 수준 단어

excess 과잉

수능 수준 단어

excessive 과도한 succession 연속, 승계 successor 후계자 processor 처리 장치
predecessor 전임자 concession 양보 recession 경기 침체 successful 성공적인
unsuccessful 실패한 accessible 접근 가능한 processing 처리 successive 연속적인

ish
selfish
foolish
childish

1

A 보이다

vis/vid
video
television
vision

2

B 보다

port
airport
report
support

3

C ~같은 (형용사)

log/logy
dialogue
technology
catalogue

4

D 말,
학문

spect
respect
suspect
inspect

5

E 나르다

gen
gene
gender
general

6

F 끌다

tain
maintain
entertain
contain

7

G 잡다

dict
dictionary
predict
addict

8

H 낳다,
종류

tract
contract
attract
distract

9

I 가다

cess
process
access
success

10

J 말하다

수준별 마이클리시 도서

말하기 · 쓰기

아빠표 영어 구구단
영상 강의 포함

8시간에 끝내는
기초영어 미드천사
<왕초보 패턴>
음성 강의 포함
PDF 무료 제공: miklish.com

8시간에 끝내는
기초영어 미드천사
<기초회화 패턴>
음성 강의 포함

유레카 팝송
영어회화 200
영상 강의 포함

알파벳 따라쓰기
572
<1500원 특가>

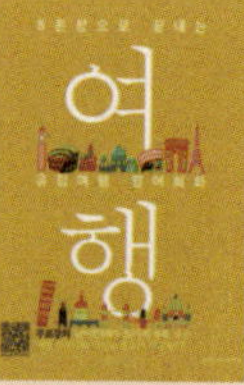

8문장으로 끝내는
유럽여행 영어회화
음성 강의 포함

단단 기초
영어공부 혼자하기
영상 강의 포함

신호등 영작200
영상 강의 포함

6시간에 끝내는
생활영어 회화천사
<5형식/준동사>
음성 강의 포함

읽기

초등영어 파닉스
119
<1500원 특가>

2시간에 끝내는
한글영어 발음천사
<7500원 특가>
영상 강의 포함
음성 강의 포함

2027년
출간예정

원서 시리즈2

중학영어 독해비급
영상 강의 포함

챗GPT 영어명언
필사 200